Jürgen Hesse
Hans Christian Schrader

Die *perfekte* **Bewerbungsmappe** für die **Initiativbewerbung**

Mit Tipps zu Stellengesuch, Telefonstrategie und Internet sowie zahlreichen Beispielen für Bewerberfotos

berufsstrategie

Eichborn

Liebe Leserin, lieber Leser,

Mit diesem Buch erhalten Sie auch eine CD-ROM. Um auf die Inhalte zugreifen zu können, müssen Sie vor dem erstmaligen Gebrauch folgenden Code eingeben:

B 7 1 5 3

Auf der CD finden Sie zusätzliche Informationen zu allen Phasen der Bewerbung, u. a.:

- Musterbewerbungen zur direkten Übernahme in die Textverarbeitung
- Checklisten zum Ausdrucken
- Lerntests und Arbeitsblätter
- Direkte Links zu Jobbörsen

Die Autoren

Jürgen Hesse, geboren 1951, geschäftsführender Diplom-Psychologe im *Büro für Berufsstrategie*, Berlin.
Hans Christian Schrader, geboren 1952, Diplom-Psychologe in Berlin.

Anschrift der Autoren

Hesse/Schrader
Büro für Berufsstrategie
Oranienburger Straße 4–5
10178 Berlin
Tel. 030 288857-0
Fax 030 288857-36
www.berufsstrategie.de

Wir danken Verena Letzner für ihre Unterstützung.

2 3 08 07

Umschlaggestaltung: Christina Hucke
Lektorat: Ulrich Ritter, Thorsten Schulte
Satz: Oliver Schmitt
Druck und Bindung: Fuldaer Verlagsagentur, Fulda
ISBN 978-3-8218-5906-4

Verlagsverzeichnis schickt gern:
Eichborn Verlag, Kaiserstraße 66, D-60329 Frankfurt am Main
www.eichborn.de

Inhalt

Perfekte Initiativbewerbungsunterlagen – Originalbeispiele erfolgreicher Bewerber

Sie halten ein neues Bewerbungsmappenbuch der Ratgeber-Reihe von Hesse/Schrader in der Hand. Wir freuen uns, dass Sie sich bei Ihrer Arbeitsplatzsuche entschlossen haben, nicht länger nur zu reagieren, sondern selbst aktiv zu werden. Mit diesem Buch möchten wir Ihnen Unterstützung und Hilfe für ein zielorientiertes und erfolgreiches Vorgehen bei einer Initiativbewerbung bieten.

Die perfekte Initiativbewerbungsmappe ist weniger ein Lese- als ein »Schau«-Buch, das Ihre Kreativität anregen und Sie ermutigen möchte, Ihre schriftliche Selbstdarstellung individuell und optimal zu gestalten. Denn bei der Initiativbewerbung kommt es – noch mehr als bei einer »normalen« Bewerbung – auf das perfekte Marketing in eigener Sache an. Die gekonnte Begründung, warum Sie sich gerade für dieses spezielle Unternehmen interessieren und welche individuellen Fähigkeiten Sie zu bieten haben, sind Aspekte, die bei einer Initiativbewerbung eine besondere Herausforderung darstellen. Sie möchten ja schließlich bewirken, dass man Sie zu einem Vorstellungsgespräch einlädt. Oder anders formuliert: Das Ziel Ihrer Initiativbewerbung ist erreicht, wenn Sie beim potenziellen Arbeitgeber auf einen gerade aktuellen Bedarf gestoßen sind, der sich genau mit Ihrem Arbeitsangebot deckt, oder wenn Sie es sogar geschafft haben, einen noch gar nicht erkannten Bedarf zu wecken.

Hierbei können Ihnen unsere ausgewählten Beispiele erfolgreicher Initiativbewerbungen sehr hilfreich sein. Sie demonstrieren, welche Vielfalt an Möglichkeiten Ihnen bei der schriftlichen Selbstdarstellung zur Verfügung steht. Betrachten Sie die Beispiele aber nicht als Sammlung von Kopiervorlagen, sondern als kreatives Potenzial zur Unterstützung eigener Ideen.

Bei den vorliegenden Bewerbungsmappen handelt es sich größtenteils um Initiativbewerbungen von Klienten unseres Büros für Berufsstrategie, die diese beruflich vorangebracht haben. Alle Namen, Daten und Fakten wurden so verändert, dass Ähnlichkeiten mit real existierenden Personen rein zufällig wären. Eventuelle durch diese Anonymisierung entstandene inhaltliche Ungereimtheiten bitten wir zu entschuldigen.

Auf den folgenden Seiten finden Sie zunächst sechs verschiedene Bewerbungsanschreiben, die Ihnen zeigen, wie Sie den Auftakt Ihrer Initiativbewerbung geschickt gestalten können. Danach präsentieren wir Ihnen die Initiativbewerbungsunterlagen von elf Kandidaten/innen, und am Schluss folgen Beispiele für eine Kurzform der Initiativbewerbung, die ebenfalls eine gute Möglichkeit darstellt, beim potenziellen Arbeitgeber Neugierde auf mehr Informationen zu wecken.

Leider können wir Ihnen nicht die verschiedenen Papiersorten (Art und Farbe) und Bindesysteme vorführen. Dies ist schade, denn auch der haptische Eindruck (das Gefühl beim Anfassen des Papiers und der gesamten Mappe) stellt ein wichtiges Qualitätsmerkmal einer erfolgreichen Bewerbungsmappe dar. Aus technischen Gründen haben wir diesen Mappenbeispielen nur Schwarzweißfotos beigefügt. Wir empfehlen sie aber auch im Bewerbungsalltag eher als Farbfotos.

Am Ende jedes Beispiels ist ein Kommentar angefügt, der Gelungenes oder Verbesserungswürdiges reflektiert und vielleicht Ihren kritischen Blick für die Analyse der eigenen Entwürfe schärft.

Im letzten Kapitel finden Sie einen kurzen Theorieteil zur erfolgreichen Initiativbewerbung. Hier erfahren Sie, was Sie unbedingt beachten müssen, bevor Sie initiativ werden. Danach folgen Beiträge zum eigenen Stellengesuch, zum Telefonmarketing in eigener Sache und zuletzt zur Initiativbewerbung im Internet.

Weitere Bewerbungsbeispiele und viele zusätzliche Infos zum gesamten Bewerbungsverfahren finden Sie auf der CD-ROM, die diesem Buch beiliegt. Zahlreiche gut gestaltete Bewerbungen können Sie in Ihre Textverarbeitung übernehmen und mit Ihren eigenen Daten überschreiben.

ELVIRA ERNST

Kastanienweg 16
13587 Berlin
Tel./Fax 4597625

Anwaltskanzlei Aßmann & Partner
Herrn Rechtsanwalt Aßmann
Leibnizstr. 34
10625 Berlin

Berlin, 25. Juli 2005

Initiativbewerbung als Rechtsanwaltsfachangestellte

Sehr geehrter Herr Aßmann,

auf Empfehlung Ihres Partners Herrn Erding, mit dem ich heute ein Telefonat geführt habe, sende ich Ihnen meine Bewerbungsunterlagen.

Zu meiner Person ganz kurz informiert: 32 Jahre alt, Ausbildung als Rechtsanwaltsfachangestellte, 12-jährige Berufserfahrung in kleineren Kanzleien wie auch in größeren Sozietäten.

Besondere Fachkenntnisse habe ich in den Bereichen Zwangsvollstreckung, Grundstücksrecht und Kostenrecht.

Mein persönliches Profil:
- Organisationstalent und hohe Einsatzbereitschaft
- Fähigkeit zu präziser eigenständiger Aktenführung
- hohe Belastbarkeit bei Zeitdruck
- Wunsch zur Weiterbildung
- gute Deutsch- und Englischkenntnisse
- sichere EDV-Kenntnisse im Bereich der Textverarbeitung (Word für Windows).

Ich bewerbe mich um eine Mitarbeit in Ihrer Kanzlei, da Sie als größere, überregional tätige Sozietät mit moderner Büroausstattung einen Arbeitsplatz gewährleisten, bei dem ich meine Fähigkeiten und Kenntnisse einbringen und erweitern kann. Neben der Bereitschaft, mich intensiv und schnell in neue Gebiete einzuarbeiten, bringe ich eine freundliche Ausstrahlung und Spaß an der Arbeit in einem harmonischen Team mit.

Auf die Gelegenheit zu einem Vorstellungsgespräch freue ich mich.

Mit freundlichen Grüßen

Anlage

Inge Iwanetz + Merkurstraße 14 + 20357 Hamburg + Tel.: 040 8344561

Luisenstift am Lietzensee
Stiftsleitung
Frau Dr. Hoffmann
Wundtstraße 18
14059 Berlin

Hamburg, 02.06.2005

Ergotherapeutin und Altenpflegerin bietet Ihnen langjährige Erfahrung und sucht anspruchsvolle Aufgabe

Sehr geehrte Frau Dr. Hoffmann,

von Ihrer Sekretärin Frau Obermann habe ich erfahren, dass Ihr Stift zu den modernsten Einrichtungen im Bereich der Gerontopsychiatrie in Berlin gehört. Um effizient mit psychisch kranken älteren Menschen zu arbeiten, benötigt man Mitarbeiter mit einer qualifizierten Ausbildung und Erfahrung. Wenn Sie eine berufserfahrene Ergotherapeutin suchen, die ihre besondere Fähigkeit in der Anwendung von neuropsychologischen und psychosozialen Verfahren sieht und gern neue Behandlungsmethoden lernen und anwenden möchte, dann stehe ich Ihnen zur Verfügung.

Mein Profil:

- rund 13 Jahre Berufserfahrung in der Behandlung von älteren Menschen
- Kenntnisse und Erfahrung in der Akutpsychiatrie und Gerontopsychiatrie
- Ausführung von lebenspraktischem Training
- Aufbau tagesstrukturierender Angebote im Bereich textiles Gestalten, Ton, Holz, Garten
- Planung und Gestaltung von Außenaktivitäten
- gutes Einfühlungsvermögen, Belastbarkeit und Teamfähigkeit
- selbstständiges und eigenverantwortliches Handeln.

Mein Werdegang umfasst eine Ausbildung als Altenpflegerin mit 5-jähriger Berufspraxis und eine Ausbildung als Ergotherapeutin mit 8-jähriger Berufspraxis. Dadurch verfüge ich über eine doppelte Qualifikation für die Arbeit mit älteren Menschen.

Aus persönlichen Gründen strebe ich einen Arbeitsplatz in Berlin an. Ich suche eine Mitarbeit in einem anspruchsvollen und kooperationsbereiten Team und würde mich sehr über eine Nachricht von Ihnen freuen. Meine ausführlichen Bewerbungsunterlagen schicke ich Ihnen gerne zu.

Mit freundlichen Grüßen nach Berlin

Inge Iwanetz

 → Kommentar Seite 11

RÜDIGER ROSENTHAL

Otto-Hahn-Str. 44 – 24941 Flensburg – Tel. 0461 4325029

Lise-Meitner Institut für Gewässerschutz
Herrn Dr. Peters
Comeniusstr. 34
38102 Braunschweig

Flensburg, 22.02.2006

Bewerbung als Chemisch-Technischer Assistent

Sehr geehrter Herr Dr. Peters,

wie im Anschluss an Ihren Vortrag anlässlich der Fortbildung zum Themenbereich Gewässerschutz an der TU Braunschweig vereinbart, übersende ich Ihnen meine Bewerbungsunterlagen.

Ich habe 1999 meine Ausbildung zum Chemisch-Technischen Assistenten abgeschlossen und daran anschließend in einem mittelständischen Betrieb der Metall verarbeitenden Industrie im Bereich der Qualitätskontrolle gearbeitet. Seit 2002 bin ich im Umweltuntersuchungsamt der Stadt Flensburg beschäftigt. Mein Aufgabengebiet umfasst sowohl die Bodenuntersuchungen als auch die Analytik im Rahmen der Gewässerüberwachung.

Meine Fortbildung (Umweltingenieurwesen – Gewässerschutz) hat mich bestärkt, auf diesem Gebiet meine praktischen Fähigkeiten und Kenntnisse zu ergänzen. Ich biete Ihnen Erfahrung im Bereich der atomspektroskopischen Messungen, insbesondere an Grafitrohr-AAS und ICP-Messplätzen. Im Rahmen meiner Tätigkeit habe ich entscheidend an der Weiterentwicklung der Spurenanalytik zur Bestimmung der Backgroundkonzentrationen von Schwermetallen in Oberflächengewässern mitgearbeitet. Ferner war ich für den Aufbau und die Weiterentwicklung der EDV-gestützten Labordatenverarbeitung verantwortlich. Präzision und eine gewissenhafte Arbeitsweise runden mein Profil ab.

In Ihrem Vortrag berichteten Sie, dass Sie über ein neu auf dem Markt eingeführtes hoch auflösendes ICPMS-Gerät verfügen. Eine Mitarbeit an Ihren Forschungsvorhaben im Bereich des Gewässerschutzes unter Nutzung dieses Gerätes stellt für mich eine große Herausforderung dar. Denn so kann ich meine bisherigen Erfahrungen bei Ihnen einbringen und gleichzeitig meine Kenntnisse und Fähigkeiten erweitern.

Ich freue mich, von Ihnen zu hören.

Mit freundlichen Grüßen aus Flensburg

Rüdiger Rosenthal

Anlage

Paul Pfeifer

Rückerstraße 56
10119 Berlin
Tel.: 030 2573684
E-Mail: pfeifer@t-online.de

Dialog Com Systems GmbH
Niederlassung Hannover
Herrn Runge
Bornholmer Weg 5
30457 Hannover

Berlin, 24.10.2005

Initiativbewerbung als Netzwerksystemspezialist

Sehr geehrter Herr Runge,

wie Presseveröffentlichungen zu entnehmen ist, hat sich die Dialog Com Systems GmbH in den letzten Jahren zu einem führenden Unternehmen im Bereich der Telekommunikation, speziell ISDN und TDSL, entwickelt. Sie zählt zu den besten europäischen Herstellern von Netzwerk-Controllern und -Anwendungen für Personalcomputer.

In einem Gespräch auf der CeBIT erfuhr ich von Ihrem Mitarbeiter Herrn Born, dass Sie ein Projekt zum Consumer Markt planen. Eine Mitarbeit an diesem Projekt interessiert mich sehr und wäre eine große Herausforderung für mich. Ich bin überzeugt, dass ich mit meinen Kenntnissen und Erfahrungen einen signifikanten Beitrag zur Durchführung dieses Projektes und damit zur Weiterentwicklung Ihres Unternehmens leisten kann.

Nach meinem Abschluss als Studienrat mit den Fächern Mathematik und Physik (1994) habe ich bei der Siemens Nixdorf Informationssysteme AG eine erfolgreiche Weiterbildung zum Netzwerksystemspezialisten absolviert. Seit 1996 war ich in verschiedenen Unternehmen der Softwarebranche beschäftigt. Daher verfüge ich über eine langjährige Erfahrung in der Betreuung von Netzwerken. Zu meinen Fachkenntnissen gehören die Installation, Systemverwaltung und Netzprogrammierung von UNIX-, Windows- und Win-NT-Netzwerken. Ich habe Erfahrung mit den Programmiersprachen C^{++}, C#, Java, Delphi, HTML und bringe fundierte Englischkenntnisse in Wort und Schrift mit.

Als meine besonderen persönlichen Stärken empfinde ich:
- ➔ meine konzeptionelle und analytische Denkweise,
- ➔ meine Ausdauer und Beharrlichkeit,
- ➔ meine teamorientierte und effiziente Arbeitsweise und
- ➔ meine besondere Stressresistenz.

Für alle weiteren Auskünfte stehe ich Ihnen gerne in einem persönlichen Gespräch zur Verfügung.

Mit freundlichen Grüßen

Paul Pfeifer

Anlagen

 ➔ *Kommentar Seite 12*

Dipl.-Ing. Wolfgang Wessel
Weider Straße 27
25764 Wesselburen
Tel.: 04833 4711
Mobil: 0171 4582684
E-Mail: elektro-wessel@aol.com

Müller & Sohn GmbH & Co. KG
Herrn Seyfried
Am Elektrizitätswerk 15
25813 Husum

Wesselburen, 21.04.2005

Initiativbewerbung als Diplom-Ingenieur Elektrotechnik

Sehr geehrter Herr Seyfried,

vielen Dank für das freundlich-informative Telefonat. Wie angekündigt sende ich Ihnen meine Bewerbungsunterlagen.

Kurz zu meiner Person:
- Diplom-Ingenieur Elektrotechnik (TFH), 35 Jahre alt
- Praktikant bei Hagenuk in Kiel
- Werkstudent bei der Firma Schleswag in Eckernförde in den Bereichen Energieübertragung und -verteilung sowie Übertragungssysteme.

Außerdem verfüge ich über Auslandserfahrung und bin gelernter Feinmechaniker.

Zu meinen wesentlichen Persönlichkeitsmerkmalen gehören ein breites Interessenspektrum, ausgeprägte Kommunikations- und Begeisterungsfähigkeit sowie ein hohes Maß an Eigeninitiative und Flexibilität.

Ich strebe einen Einsatz in den Bereichen
- Industrial Engineering,
- Fertigung oder
- Projektierung an.

Über eine Einladung zu einem persönlichen Gespräch freue ich mich.

Mit freundlichen Grüßen

Wolfgang Wessel

Anlagen

Claudia Carst • Hettkampsweg 12 • 47169 Duisburg • Tel. 6654333

Tierärztin
Frau Dr. med. vet. Marlies Timm
Rauchstraße 27a
47221 Duisburg

Duisburg, 13. Januar 2006

Bewerbung um einen Ausbildungsplatz als Tierarzthelferin

Sehr geehrte Frau Dr. Timm,

für mich gibt es seit langem nur einen Berufswunsch: Ich möchte wirklich sehr gerne Tierarzthelferin werden.

Als echter „Tiernarr" kann es für mich nichts Schöneres geben, als kranken Tieren zu helfen. Schon als kleines Mädchen hatte ich immer Haustiere – vom Kaninchen bis zum Dackel. Jetzt gehören zu unserem Haushalt neben einer Schildkröte zwei Hamster, ein Hund und vier Wüstenrennmäuse, die ich alle sehr in mein Herz geschlossen habe.

Vielleicht erinnern Sie sich an mich, da ich vor zwei Jahren einige Male mit meinem Cockerspaniel Waldo in Ihre Praxis gekommen bin. Mich hat sehr beeindruckt, wie Sie und Ihr Team mit dem Tier umgegangen sind, und natürlich auch, dass Sie ihm so gut helfen konnten.

Ich besuche zurzeit die 9. Klasse der Realschule am See in Duisburg und werde diese im Sommer nächsten Jahres abschließen. Danach würde ich sehr gerne bei Ihnen die Ausbildung zur Tierarzthelferin absolvieren. Ob das möglich ist?

Über eine Einladung zu einem persönlichen Gespräch freue ich mich schon jetzt sehr und bedanke mich für Ihr Interesse.

Mit freundlichen Grüßen

Claudia Carst

Anlagen

Sechs verschiedene überzeugende Anschreiben

Mit diesen Beispielen möchten wir Ihnen zunächst demonstrieren, wie geschickt Sie den Auftakt Ihrer Initiativbewerbung gestalten können. Spüren Sie selbst, wie diese optimalen »Türöffner« auf Sie wirken.

Elvira Ernst

Das erste Beispiel leitet eine Initiativbewerbung als Rechtsanwaltsfachangestellte ein. Hier hat die Kandidatin vorab telefoniert und beruft sich auf ein Gespräch mit dem Partner des Adressaten, der die Zusendung der Bewerbungsunterlagen empfohlen hat. Ein guter Auftakt, durch den ein persönlicher Bezug hergestellt wird. Danach nennt die Bewerberin kurz und knapp ihr Alter, Ausbildung, Berufserfahrung und ihre bisherigen Betätigungsfelder. Nach einem weiteren kurzen Satz, der die Schwerpunkte ihrer Fachkenntnisse aufführt, folgt ein hervorgehobener Block mit ihrem persönlichen Profil. Sehr gut! Der Leser erfährt hier in prägnanter Form die wichtigsten Stärken der Bewerberin und wird bestimmt neugierig, mehr über sie zu erfahren.

Im letzten Absatz schildert die Kandidatin, warum sie sich gerade bei dieser Kanzlei bewirbt, und endet mit Aussagen zu ihrer Arbeitsweise. Damit rundet sie ihr Profil sehr gut ab und hinterlässt garantiert einen positiven Eindruck.

Einschätzung: Ein »Türöffner«, nach einem Vorabtelefonat geschrieben, der in prägnanter Form viele Informationen überzeugend »rüberbringt«.

Inge Iwanetz

Beim zweiten Beispiel stechen drei Punkte ins Auge: die interessante Kopfzeile, die Überschrift und der »Kompetenzblock« in der Mitte. Die Überschrift eröffnet das Anschreiben in auffälliger Art und Weise im Stil eines Stellengesuchs, abgehoben vom Rest des Schreibens durch die Fettung. Eine schöne Idee für die innovative Gestaltung der »Betreff«-Zeile.

Nach der persönlichen Anrede der Personalverantwortlichen, deren Name durch ein Telefonat mit der Sekretärin ermittelt wurde, folgt ein etwas langer erster Absatz. Die Kandidatin versteht es aber geschickt, einen Bezug zur Adressatin herzustellen und ihre qualifizierte Ausbildung und Erfahrung ins Spiel zu bringen.

Nun folgt ein Kompetenzblock, der durch die auffälligen Aufzählungszeichen optisch unterstrichen wird. Hier werden die wichtigsten Stärken der Bewerberin übersichtlich zusammengefasst.

Im nachfolgenden Absatz hebt die Kandidatin noch einmal ihre doppelte Qualifikation für die Arbeit mit älteren Menschen hervor. Dies wirkt sehr überzeugend.

Am Schluss erfahren wir etwas über ihre Motivation, und sie verweist darauf, dass sie auf Wunsch gerne weitere Unterlagen schickt. Da es sich bei dieser Initiativbewerbung um eine Kurzbewerbung handelt, ist dieser Hinweis am Ende unabdingbar.

Einschätzung: Ein einfallsreiches Anschreiben im Rahmen einer Kurzbewerbung, das zwar etwas zu ausführlich, aber trotzdem beeindruckend ist.

Rüdiger Rosenthal

Auch hier handelt es sich um ein eher langes Anschreiben. Der Name des Absenders ist in der Kopfzeile stark hervorgehoben. Dies zeugt von einem starken Selbstbewusstsein. Interessant ist der »Aufhänger« des Anschreibens, denn der Kandidat beruft sich auf einen Vortrag im Rahmen einer Fortbildung, bei dem er den Adressaten kennen gelernt hat. Offensichtlich hat der Bewerber schon gute Vorarbeit geleistet und kann so auf einen persönlichen Bezug zum Adressaten bzw. Unternehmen verweisen.

Im folgenden Absatz stellt sich der Kandidat kurz und bündig vor, und im anschließenden Abschnitt geht er noch einmal auf die Fortbildung ein, um damit seine beruflichen Zielsetzungen herauszustreichen. Des Weiteren bekommt der Leser detaillierte Informationen über die Qualifikationsmerkmale des Bewerbers und dessen Arbeitsweise.

Indem der Kandidat abschließend noch einmal auf den Vortrag verweist, um seine Arbeitsmotivation für dieses Unternehmen zu bekräftigen, schlägt er einen gelungenen Bogen zum Anfang des Schreibens.

Er schließt mit einer interessanten, außergewöhnlichen Grußformel.

Einschätzung: Mit einem geschickten Anknüpfungspunkt und durch den guten Aufbau wirkt dieses Anschreiben sehr selbstbewusst und überzeugend – und wird trotz seiner Länge positiv aufgenommen.

Paul Pfeifer

Bei diesem Beispiel fällt der erste Blick zweifellos auf die Kopfzeile, die ein ausgeprägtes Selbstbewusstsein erkennen lässt. Passend zum Arbeitsgebiet EDV ist die Schrifttype (modern, serifenlos) gewählt. Sinnvoll bei dieser Bewerbung ist die Angabe einer E-Mail-Adresse neben der üblichen postalischen Anschrift.

Bei dieser persönlich adressierten Initiativbewerbung hat sich der Kandidat zuvor gezielt über das Unternehmen informiert und schafft somit einen positiven Einstieg für sein Anliegen. Über die persönliche Kontaktaufnahme mit einem Vertreter des Unternehmens während einer Messe stellt er einen Bezug zum Adressaten her und bringt anschließend seine mögliche Mitarbeit bei einem innovativen Projekt geschickt ins Gespräch.

Im nachfolgenden Absatz erläutert der Bewerber – für eine Initiativbewerbung recht ausführlich – seine Erfahrungen und Fachkenntnisse. Schließlich stellt er in prägnanter Form durch hervorstechende Aufzählungszeichen seine Stärken dar und schließt mit einer verbindlichen Schlussformel.

Einschätzung: Auch hier ein geschickt gewählter Einstieg und eine selbstbewusste Darstellung, die einen entschlussfreudigen Kandidaten erkennen lässt.

Wolfgang Wessel

Hier handelt es sich um ein Beispiel von äußerst komprimiertem Inhalt. In dem persönlich adressierten Anschreiben wurde die schlichte Titelzeile »Initiativbewerbung« gewählt. Der Kandidat bezieht sich auf ein »freundlich-informatives Telefonat«, in dem er seine Bewerbungsunterlagen angekündigt hat. Danach stellt er sich kurz vor und erklärt im Weiteren, in welchen Bereichen er seinen beruflichen Einsatz anstrebt. Sowohl seine Selbstpräsentation als auch die Darstellung der gewünschten Einsatzbereiche werden knapp gehalten und durch ungewöhnliche Aufzählungszeichen hervorgehoben.

Dieses gelungene Anschreiben gewinnt zusätzlich durch die besondere grafische Gestaltung des Absenders (Sperrung der Schrift, Telefonsymbol). Einziger Kritikpunkt: Es fehlen die Gründe für die Wahl dieses Unternehmens.

Einschätzung: Trotz der äußerst komprimierten Form hinterlässt dieses Anschreiben einen positiven Eindruck, denn die inhaltliche wie optische Präsentation wirken stichhaltig-überzeugend.

Claudia Carst

Beim letzten Beispiel geht es um eine gelungene Bewerbung für einen Ausbildungsplatz als Tierarzthelferin. Die Kandidatin versteht es sehr gut, gleich im ersten Satz auf den Punkt zu bringen, worum es ihr geht. Im nachfolgenden Abschnitt liefert sie stichhaltige Argumente für ihren Berufswunsch. Dann folgt ein Absatz, der ihren persönlichen Bezug zur Praxis der Ansprechpartnerin dokumentiert. Dadurch kommt zum Ausdruck, warum sie sich gerade in dieser Praxis bewirbt. Am Schluss werden Aussagen zum Zeitpunkt des Schulabschlusses getroffen und noch einmal ganz klar der Wunsch einer Ausbildung zur Tierarzthelferin bei der Ansprechpartnerin genannt. Dies wird durch die abschließende Frage noch verstärkt.

Sicherlich sehr außergewöhnlich, das Foto bereits auf dem Anschreiben unten neben dem Namen zu platzieren, aber für eine Ausbildungsplatzsuchende eine gute Idee. Garantiert ein »Hingucker«, der das Interesse des Lesers weckt. Fotoformat und -ausschnitt sind so auffällig, dass sie sich im Vergleich zu den vielen im Bewerbungsalltag eingesandten langweiligen Fotos sehr positiv abheben. (Die in diesem Buch abgebildeten Personen stehen mit den Bewerbungsunterlagen und den darin aufgeführten Daten nicht in Beziehung. Wir danken dem Fotografen und den »Fotomodellen« für ihre freundliche Unterstützung.)

Einschätzung: Wirklich ein überzeugendes, selbstbewusstes Anschreiben einer jungen Bewerberin, das durch die Verwendung einer einfachen, aber ästhetisch wirkenden Brief-Kopfzeile zusätzlich gewinnt.

Stefan Sommer

Hahnenweg 2
01234 Potsdam
Telefon 0123 54321
Mobil: 0179 1234567
stefan.sommer@arcor.de

Süddeutsche Beton Werke AG
Dr. Oppel
Industriestr. 17
70565 Stuttgart

3. Juli 2005

Initiativbewerbung für den Bereich Unternehmenskommunikation

Sehr geehrter Herr Dr. Oppel,

aus ungekündigter Position suche ich im Bereich Unternehmenskommunikation in Ihrem Haus eine neue Herausforderung und biete Ihnen meine Mitarbeit an.

Ich wünsche mir neue Aufgaben im PR-Bereich und möchte gerne einen Beitrag zur Weiterentwicklung Ihrer unternehmensinternen Kommunikation leisten.

Mein Wissen und Können habe ich beim Aufbau einer Abteilung für Öffentlichkeitsarbeit beim TÜV Brandenburg unter Beweis gestellt. Die dabei gemachten Erfahrungen sowie meine starke Leistungsmotivation, gepaart mit hoher Lernbereitschaft, sind eine gute Ausgangsbasis für dieses neue Aufgabengebiet.

Auf eine Einladung freue ich mich.

Mit freundlichen Grüßen

Anlage
Bewerbungsmappe

 → *Kommentar Seite 19*

Bewerbung

für den Bereich
interne Unternehmenskommunikation
der Süddeutschen Beton Werke AG

von Stefan Sommer

Vertrauen ist für alle Unternehmungen
das größte Betriebskapital, ohne welches
kein nützliches Werk auskommen kann.
Es schafft auf allen Gebieten die Bedingungen
gedeihlichen Geschehens.

Albert Schweitzer

 ➔ *Kommentar Seite 19*

Zur Person

Stefan Sommer
Hahnenweg 2
01234 Potsdam
Telefon: 0123 54321
Mobil: 0179 1234567
stefan.sommer@arcor.de

geboren am 30. April 1967 in Münster (Westf.)
verheiratet, ein Kind

Ausbildungshintergrund
Diplom-Politologe, Diplom-Übersetzer

Potsdam, 3. Juli 2005 

Berufliche Tätigkeit

Januar 1998 bis September 2000

Assistent des Technischen Leiters beim Industrieverband der Hersteller Kunststoffverarbeitender Pressmaschinen mit folgenden Aufgaben: Herausgabe von Pressemitteilungen, Erstellung eines Pressespiegels (KVPM Newsletter), Überarbeitung von Artikeln für die Fachpresse, Veranstaltungsorganisation, Übersetzungen, Koordination von Prüfprogrammen, Mitarbeit bei der Herausgabe von Verbandspublikationen, sprachliche Ausarbeitung von Vorträgen

Seit Oktober 2000

Hauptverantwortlicher Leiter des Referats Öffentlichkeitsarbeit beim Technischen Überwachungsverein Brandenburg in Potsdam

Schwerpunktaufgabe

Konzeption und Organisation der gesamten PR-Aktionen für den TÜV Brandenburg

Erfahrungsbasis

Konzeptionelle und strategische Öffentlichkeitsarbeit

Grundsatzfragen der Öffentlichkeitsarbeit in der Arbeitsschutzverwaltung Brandenburg (Mensch, Technik, Organisation, Gesellschaft: Sicherheit, Gesundheit und Wohlbefinden in der Arbeitswelt)

Konzeption, Planung und Organisation aller PR-Maßnahmen

- ein »Fortbildungskonzept zur bürgernahen Kommunikation«
- Betreuung und Pflege der Pressekontakte sowie deren Ausbau, auch auf Messen und Pressekonferenzen
- ein »Konzept zur flankierenden Veränderungsfortbildung« im Rahmen der Neuorganisation der Öffentlichkeitsarbeit
- ein »Kooperationsprofil« für potenzielle Partner

Operatives PR-Management

- Einführung und Weiterentwicklung einer EDV-unterstützten Aufbau- und Ablauforganisation
- Erstellen von Texten für alle Informationsmedien im Werbebereich, dazu gehören Anzeigen, Produkt- und Image-Prospekte, Multimedia-Anwendungen, inkl. dazugehörender Recherchen
- Entwurf von Pressetexten, von der Kurzmeldung bis zum Expertenbericht, sowohl für Fachzeitschriften als auch für die aktuelle Tagespresse
- Vorbereitung und Durchführung von Presseaussendungen
- Redaktion und Abwicklung der Hauszeitschrift
- Entwicklung von Seminarkonzepten in den Bereichen

→ Kommentar Seite 19

	»Kommunikation«, »Verhalten« und »Methoden« • Methodisch-didaktische Beratung bei der Entwicklung, Erprobung und Umsetzung von Konzepten im technischen Bereich • Aufbau und Pflege einer dem TÜV Brandenburg dienlichen Infrastruktur im Bereich der öffentlichkeitswirksamen Medien • Diverse Akquisetätigkeiten (Referent/innen, Tagungsstätten, Kooperationspartner) • Konzeption und Kalkulation des jährlichen Veranstaltungskalenders
Organisation	• Veranstaltungsabwicklung • Vorschläge zur Auswahl und Beschaffung von Fachliteratur, Medien und Arbeitsmaterialien

Berufliche Weiterbildung

Juli und August 1997	Grundlagen des Verwaltungshandelns für Beschäftigte des Höheren Dienstes, Fortbildungsakademie des Innenministeriums, Frankfurt
März 1998	Betriebssoziologische Theorie-Praxis-Tage Universität der Bundeswehr, Mainz
September 2002	»Erfolgsorientierte Steuerung industrieller PR-Arbeit« Management-Konferenz des *Institute for International Research*, Berlin
März 2003	Zeichnen und grafisches Gestalten mit Freehand, EDV Institut Berlin

Studium

April 1988 bis Oktober 1992	Übersetzer-Studium Universität Mainz Sprachenkombination: Englisch und Französisch Spezialdisziplin: Technik und EDV Abschluss: Diplom-Übersetzer, Gesamtnote 2,0 PR-relevante Aspekte dieses Studiums: Rhetorik, Stilkunde und Kommunikationswissenschaft
Oktober 1992 bis Oktober 1997	Politikwissenschaften an der Goethe-Universität Frankfurt a.M. Hauptstudium mit den Teilbereichen Regierungslehre und Methoden der Politikwissenschaften Themenschwerpunkte: Konzeptionen zur Reformierung

	öffentlicher Verwaltungen, Zukunft der Erwerbsarbeit Nebenfach Soziologie mit dem Teilbereich Arbeitssoziologie Themenschwerpunkte: Führung und Kooperation im Personalwesen, Arbeitsorganisation und neue Technologien

Schulbildung

Mai 1987	nach Grundschule und integrierter Gesamtschule Abitur am Friedrich-Stein-Gymnasium in Münster
April 1988	Prüfung zum Fremdsprachenkorrespondenten und technischen Dolmetscher in Englisch vor der Industrie- und Handelskammer zu Köln nach Besuch des Sprachlabors für Erwachsene

Sonstige Kenntnisse

Sprachen	
Englisch	sehr gut, siehe Übersetzer-Diplom
Französisch	sehr gut, siehe Übersetzer-Diplom
Spanisch	solide Grundkenntnisse
EDV	MS-Word MS-Excel MS-Powerpoint Freehand
Führerscheine	Klassen A, B

Potsdam, 3. Juli 2005

→ *Kommentar Seite 19*

Zu den Unterlagen von Stefan Sommer

Durch eine Initiativbewerbung aus ungekündigter Position und durch die Kürze des **Anschreibens** gelingt es dem Kandidaten, beim Leser Interesse zu wecken. Es wird zwar nicht auf ein vorab geführtes Telefonat hingewiesen, der infrage kommende Ansprechpartner ist aber ermittelt und direkt benannt. Der Bewerber führt seine Motive, seine Ziele und seine persönliche Qualifikation in prägnanter Form auf.

Ein interessant gestaltetes **Deckblatt** mit einem für diese Bewerbung durchaus stimmigen Zitat weist den Kandidaten als PR-Fachmann auch in eigener Sache aus.

Diesen Eindruck verstärkt noch das folgende Blatt mit Foto und Daten zur eigenen Person. Eine gute grafische Gestaltung, die bestimmt Aufmerksamkeit erzielt.

Die Seiten des **Lebenslaufs** sind voll mit Qualifikationsmerkmalen und -nachweisen und wirken fast schon ein bisschen überladen. Trotzdem eine interessante Präsentationsform, die sicherlich viele Leser überzeugen wird. Die grafische Form der Darstellung mit einer senkrechten Trennungslinie, die zeitliche Daten oder verschiedene Themenüberschriften auf der linken Seite abgrenzt, ist übersichtlich und ansprechend und hebt sich bestimmt von der breiten Masse ab. Gut gelungen auch die Abfolge der Themenblöcke: berufliche Tätigkeit – Erfahrungsbasis – berufliche Weiterbildung ... Dies ist dramaturgisch geschickt, inhaltlich informativ und setzt damit den Kandidaten ins gewünschte Licht. Hier handelt es sich ganz deutlich um eine Art erster Arbeitsprobe. Trotzdem gibt es Verbesserungspotenzial: Die zeitliche Abfolge wäre geschickter gewählt mit einer Form, die chronologisch rückwärts geht (vom Jetzt zur Vergangenheit). Zudem sind die Seitenumbrüche etwas unglücklich, v. a. beim Thema Studium.

Auch das **Foto** ist eine gelungene PR-Aktion in eigener Sache.

Natürlich fehlt das **Anlagenverzeichnis** hier sowie in einigen der nachfolgenden Bewerbungsmappen lediglich aus Platzgründen. Auch auf weitere »Beilagen« haben wir deshalb grundsätzlich verzichtet.

Einschätzung
Eine gelungene, neue Form der Präsentation mit vielen frischen Ideen.

Katharina Kaiser
Staatl. geprüfte Hotelbetriebswirtin
Heinestraße 23
85354 Freising
Tel.: 08161 4562786
Mobil: 0161 456789
Email: kakaiser@gmc.de

Herrn
Direktor Müller
Hotel Jägerhof
Grunewaldstraße 35
12165 Berlin

Freising, 20.09.2005

Meine Bewerbung/Unser Telefonat

Sehr geehrter Herr Müller,

vielen Dank für das informative Telefongespräch am heutigen Nachmittag.
Wie besprochen hier meine vollständigen Bewerbungsunterlagen.

Ich bin Betriebswirtin für das Hotel- und Gaststättenwesen
(Studium in Dortmund an der Wirtschaftsfachschule),
37 Jahre alt, ursprünglich gelernte Köchin und
zurzeit in einem Hotel mit 335 Betten in Freising
als Verkaufsleiterin in ungekündigter Stellung tätig.

Aus persönlichen Gründen möchte ich mein Wirkungsfeld
nach Berlin verlagern und bin sehr daran interessiert,
Ihr Haus und das in unserem heutigen Telefonat
besprochene Aufgabengebiet näher kennen zu lernen.

Auf eine persönliche Begegnung mit Ihnen freue ich mich

und grüße Sie herzlich aus Freising

Katharina Kaiser

Anlage

 → *Kommentar Seite 25*

Bewerbungsunterlagen

für Herrn Direktor Müller
Hotel Jägerhof, Berlin

Katharina Kaiser
Staatl. geprüfte Hotelbetriebswirtin
Heinestr. 23
85354 Freising
Tel.: 08161 4562786
Mobil: 0161 456789
Email: kakaiser@gmc.de

Lebenslauf

Zur Person:	Katharina Kaiser staatlich geprüfte Betriebswirtin für das Hotel- und Gaststättenwesen geboren am 11.09.1968 in Stuttgart verheiratet, zwei Kinder, 4 und 6 Jahre alt
Angestrebte Position:	Direktorin Verkauf und Marketing
Ausgangssituation:	seit 01.2003 Verkaufsleiterin in ungekündigter Position Kongresshotel Königshof Freising, ein 335-Betten-Haus Personalverantwortung: 10 Mitarbeiter Etatverantwortung: 450 TEUR

Beruflicher Werdegang

07/99–12/02	**Verkaufsleiterin/stellv. Geschäftsführerin** ABC-Hotel GmbH, Berlin Tiergarten
07/98–06/99	**Direktionsassistentin** Astro Hotel, Wiesbaden
04/95–08/96	**Stellvertretende Küchenchefin (Sous-Chef)** Hotel-Restaurant Poch, Bellingen
07/94–03/95	**Chef-Entremetier/Chef de Rotisseur** Hotel-Restaurant Poch, Bellingen
01/92–08/93	**Kfm. Angestellte Verkauf (Gastronomie, Abt. Food)** REWE-Süd-Großhandel, Spellbach
04/90–12/91	**Chef-Entremetier** Hotel-Restaurant Rössle, Waldenburg bei Stuttgart
04/89–03/90	**Demi-Chef Entremetier** Hotel Hirsch, Fellbach/Schwarzwald
01/88–03/89	**Köchin** Hotel-Restaurant Zur Linde, Heilbronn
07/84–07/87	**Ausbildung zur Köchin** Höhenhotel Berghaus, Wesslingen/Neckar

 → *Kommentar Seite 25*

Seminare und Praktika

09/01	**– Controlling** **– Produkt-Marketing und -Werbung** **– strategische Unternehmensführung** Seminare bei der Unternehmensberatung Hell, Berlin
03/00	**Public Relations im Hotel- und Gaststättengewerbe** Karla Dicks, Chefredakteurin NGZ service manager
01/99	Prüfung zur **„Anerkannten Fachberaterin für Deutschen Wein"** Deutsches Weinbauinstitut, Mainz
01–06/98	**Reservierungs- und Verkaufsabteilung** Praktikum Hotel v. Korff, Berlin-Charlottenburg
07–10/97	**Reservierungs- und Empfangsabteilung** Praktikum im Hotel Astro, Wiesbaden

---

Schulische und berufliche Ausbildung

08/75–06/84	Grund- und Hauptschule in Willingen
07/84–07/87	Ausbildung zur Köchin im Höhenhotel Berghaus, Wesslingen/Neckar
09/93–06/94	Weiterbildung: Berufsoberschule in Münster (Fachschulreife)

Fachschulstudium

09/96–06/98	Wirtschaftsfachschule für Hotellerie und Gastronomie in Dortmund
25.06.1998	Abschlussprüfung zur staatlich geprüften Betriebswirtin für das Hotel- und Gaststättenwesen mit bestandener Ausbildereignungsprüfung Studienfächer: – Betriebswirtschaftslehre – Betriebliches Rechnungswesen – Touristik- und Hotel-Marketing – Angewandte Datenverarbeitung (EDV) – Technologie des Hotel- und Gaststättengewerbes – Praxisorientierte Fallstudien – Rechts- und Steuerlehre – Englisch/Französisch – Berufs- und Arbeitspädagogik (AEVO)

Sprachkenntnisse	Englisch in Wort und Schrift (fließend) Französisch (gute Kenntnisse)
EDV-Kenntnisse	Reservierungssystem »Fidelio-Micro«, »HORES«, »RIO 80862« Windows 2000/XP, Microsoft Office Professional
Engagement	Voll-Mitglied in der Hotel Sales and Marketing Association (HSMA), German-Chapter, Region 1
Sonstiges	Führerschein Kl. B
Hobbys	mein Beruf, hier insbesondere Marketing und Werbung Blues und Jazz-Musik (ich spiele Saxofon) Reisen/Fotografieren/mit Holz arbeiten

---

Was Sie sonst noch über mich wissen sollten

Meine Handlungsweise ist geprägt vom Umgang mit Menschen sowie dem Streben nach optimaler Dienstleistung und maximaler Zufriedenheit des mir anvertrauten Gastes.

Mein Denken wird dabei selbstverständlich auch von betriebswirtschaftlichen Zahlen bestimmt.

Ökonomische Zusammenhänge schnell zu erfassen und analytisch auszuwerten, um auf dieser Basis nach neuen, effektiveren Lösungen zu suchen, ist Grundlage meiner unternehmerischen Aktivitäten.

Freising, 20.09.2005

 → Kommentar Seite 25

Zu den Unterlagen von Katharina Kaiser

Das angenehm kurze **Anschreiben** bringt die Botschaft schnell und souverän auf den Punkt. Hier ist erfolgreich vorab telefoniert worden. Die Unterlagen treffen also vorangekündigt ein. Übrigens: eine interessante Grußformel.

Die für das **Deckblatt** gewählte Form mag Ihnen wegen des hier platzierten Fotos vielleicht ein bisschen außergewöhnlich erscheinen. Aber warum sollte man nicht schon auf der Titelseite seines »Werbeprospektes« in eigener Sache mit einem guten Foto Aufmerksamkeit wecken?

Die mit der Überschrift **Lebenslauf** versehene nächste Seite folgt nicht dem klassischen Aufbau, vermittelt aber sehr schnell die Kompetenz und Zielstrebigkeit der Kandidatin. Außergewöhnlich, dass nach der Abhandlung der Sozialdaten (übrigens: ohne »Name/Adresse/Geburtsdatum/Familienstand« etc.) die angestrebte berufliche Position und die aktuelle Ausgangssituation kurz und knapp benannt werden.

Dann wird der berufliche Werdegang angemessen kurz geschildert, und zwar in der amerikanischen Form (vom Aktuellen zur Vergangenheit). Auf diese Weise sieht der Leser die letzte berufliche Position auf den ersten Blick.

Auf der nächsten Seite folgen weitere Informationen über Seminare und Praktika sowie die schulische und berufliche Ausbildung. Sprach- und EDV-Kenntnisse sind neben dem Engagement und den praktizierten Hobbys ebenso geschickt »vermarktet«. Die grafische Gestaltung ist klar und übersichtlich. Alle Aussagen werden gut lesbar präsentiert. Einziger Kritikpunkt: vielleicht etwas weniger Hobbys aufzählen.

Jetzt neu für Sie als Leser: das Aufführen einer weiteren Mitteilung, die zusätzliche Informationen zur Person liefert (unter der Überschrift »Was Sie sonst noch über mich wissen sollten«). Wenn diese Angaben auf einer einzelnen Seite stehen, nennen wir sie die »**Dritte Seite**«. Hier wurde diese spezielle Werbebotschaft in eigener Sache einfach an das Ende des Lebenslaufs gesetzt – eine gute Möglichkeit, noch einmal positiv auf sich aufmerksam zu machen. Die Botschaft ist ausdrucksstark formuliert und vermittelt einen eindeutigen Anreiz, die sich hier bewerbende Kandidatin möglichst schnell auch persönlich kennen zu lernen. Die Unterschrift an dieser Stelle wirkt verstärkend.

Zum **Foto**: ein eher klassisches, aber doch sympathisch-ansprechendes Foto der Kandidatin in einem etwas größeren als dem üblicherweise benutzten Format.

Einschätzung

Die gesamte Bewerbungsmappe verdient sicherlich die Note »gut«.

Andreas Adler
Bergedorfer Str. 75
28219 Bremen
Tel.: 0421 2894576

25. Mai 2006

Omega Deutschland GmbH & Co KG
Personalabteilung
Friedenstr. 23
D - 28217 Bremen

Initiativbewerbung als Bereichsleiter Qualitätsmanagement

Sehr geehrte Damen und Herren,

ich möchte mich als Ingenieur für die Position Bereichsleiter Qualitätsmanagement bewerben. Ich glaube, dass ich mit meinen Kenntnissen und Fähigkeiten erfolgreich Ihren Betrieb unterstützen könnte.

Nach meiner Lehre als Betriebsschlosser habe ich an der Technischen Fachhochschule Maschinenbau studiert und mich bei der „Deutschen Gesellschaft für Qualität" zum Qualitäts-Fachingenieur weitergebildet. Praktische Erfahrungen habe ich insbesondere durch den Aufbau eines QM-Systems und die Einleitung des Zertifizierungsverfahrens nach DIN EN ISO 9001 erworben. Meine Sprachkenntnisse in Englisch verbesserte ich ebenfalls außerhalb meines Dienstes an der Berlitz School. Sehr gute PC-Anwenderkenntnisse kann ich ebenfalls vorweisen.

In meiner derzeitigen Tätigkeit als Abteilungsleiter QM habe ich gezeigt, dass ich mich eigenverantwortlich, teamorientiert und mit Engagement für die Sache der Qualität einsetzen kann. Auf Grund von konzernweiten Umstrukturierungsmaßnahmen und der Dezentralisierung des Qualitätswesens entfällt leider mein Arbeitsplatz zum 31.12.2006.

Den ausführlichen beruflichen Werdegang entnehmen Sie bitte den beigefügten Bewerbungsunterlagen. Über eine Einladung zu einem persönlichen Gespräch würde ich mich sehr freuen und stehe Ihnen jederzeit zur Verfügung.

Mit freundlichen Grüßen

Andreas Adler

Anlage: Bewerbungsmappe

PS: Vom 30.05.2006 bis 10.06.2006 nehme ich an der Auditorenfortbildung der DGQ in Münster teil.

Bewerbungsunterlagen

Andreas Adler
Bremen

zur Vorlage bei
Omega Deutschland GmbH & Co KG
Bremen

als
Bereichsleiter Qualitätsmanagement

Lebenslauf

1 Persönliche Daten

Name:	Andreas Adler
Anschrift:	Bergedorfer Str. 75
Tel.:	0421 2894576
Geboren am:	30. August 1963
Geburtsort:	Münster in Westfalen
Familienstand:	Lebensgemeinschaft mit einer Grundschullehrerin
Hobbys:	Schach, Fernöstliche Philosophie, Tai Chi Chuan

 → *Kommentar Seite 38*

2 Berufspraxis

2.1 Betriebsschlosser

Firmen: 3 verschiedene Firmen der Metallindustrie, Hannover und Berlin
Beschäftigt: von 10/1982 bis 10/1989
Aufgaben:
- Reparatur und Wartung von Werkzeugmaschinen

2.2 Gruppenleiter Qualitätssicherung

Firma: Energie GmbH, Werk Bremen
Produkte: Starterbatterien, Industriebatterien, Traktionsbatterien dryfit
Beschäftigte: 250
Führung: 20 Mitarbeiter
Beschäftigt: von 05/1995 bis 12/2000
Aufgaben:
- Wareneingangs- und Fertigungsprüfungen
- Aufbau eines Qualitätssicherungssystems
- Statistische Auswertung von Messdaten
- Beschaffung von Prüf- und Messmitteln
- Erstellung von Verfahrens- und Prüfanweisungen
- Mitarbeit beim Aufbau eines QS-Systems im Werk Spanien

2.3 Abteilungsleiter Qualitätswesen

Firma: IKROM AG, Bremen
Produkte: Mechanische und elektronische Zylinderschlösser, Schließanlagen, Kastenschlösser und Schutzbeschläge
Beschäftigte: 500, Umsatz: 200 Mio.
Führung: 25 Mitarbeiter, Berichterstattung an den Vorstand
Beschäftigt: seit 01/2001
Aufgaben:
- Qualitätsplanung, Qualitätstechnik und Qualitätsberichterstattung
- Wareneingangs-, Fertigungs- und Endprüfungen
- Aufbau und Pflege eines QM-Systems nach DIN EN ISO 9001
- Vorbereitung der Zertifizierung des QM-Systems
- Durchführung von internen und externen Qualitätsaudits
- Durchführung von betriebsinternen Qualitätsschulungen
- Projektmanagement im Bereich Qualitätssicherung
- Einführung von Arbeitsgruppen zur Entwicklung des Qualitätsbewusstseins in Richtung TQM
- Mitarbeit bei Einführung von Fertigungsinseln, Lean Management und anderen Restrukturierungsmaßnahmen

 → *Kommentar Seite 38*

3 Ausbildung

3.1 Schul- und Berufsausbildung

05/1979 bis 08/1982	Lehre als Betriebsschlosser, Fa. Mahnwald, Hannover **Abschluss:** Facharbeiter
10/1989 bis 02/1991	Fachoberschule, Hannover **Abschluss:** Fachhochschulreife
03/1991 bis 07/1994	Technische Fachhochschule (TFH), Hannover Fachrichtung Maschinenbau **Abschluss:** Diplom-Ingenieur

3.2 Fortbildung

11/1994 bis 05/1995	REFA-Grundausbildung für das Arbeitsstudium REFA-Landesverband Hannover e.V., Hannover **Abschluss:** REFA-Grundschein
09/1995 bis 03/1997	Lehrgang: Qualitätstechnik QII Deutsche Gesellschaft für Qualität (DGQ), München **Abschluss:** Qualitätstechniker DGQ
03/1998 bis 07/2000	Lehrgang: Qualitätsmanagement QM Deutsche Gesellschaft für Qualität (DGQ), München **Abschluss:** Qualitätsfachingenieur DGQ
06/2003	Prüfungslehrgang: DGQ-Auditor Deutsche Gesellschaft für Qualität (DGQ), München **Abschluss:** DGQ-Auditor/EOQ Quality Auditor

3.3 Weitere Kenntnisse und Fähigkeiten

seit 1997	PC-Lehrgänge zur Textverarbeitung und Tabellenkalkulation, intensive Beschäftigung mit Textverarbeitung und Tabellen-kalkulation (MS-Office) und weiteren Windows-Programmen, Grundkenntnisse der EDV und BASIC-Programmierung vorhanden
seit 2000	Mitglied im Verein Deutscher Ingenieure (VDI), Sektionsleiter in Bremen Besuch div. Seminare und Vorträge zu Themen der QS
seit 2002	Verbesserung der englischen Sprachkenntnisse bei Berlitz International Inc., Bremen

Referenzen und Arbeitsproben können bei Interesse vorgelegt werden.

Bremen, 25. Mai 2006

 → *Kommentar Seite 38*

4 Meine praktischen Erfahrungen und Arbeitsweisen

Schulungen zu *Grundlagen und Werkzeugen der QS* und Arbeitsgruppen zur *Entwicklung des Qualitätsbewusstseins* haben sich als wichtige Vorgehensweisen zum Aufbau und zur Weiterentwicklung eines QM-Systems gezeigt. Mit modernen Moderationstechniken wie Metaplantechnik unterstütze ich die eher theoretischen Ausführungen. Mein Ziel ist es, alle Mitarbeiter zu motivieren, dass sie sich für die Sache der Qualität selbst verantwortlich fühlen. Aufgrund meiner Praxis spreche ich „alle Sprachen" innerhalb eines Unternehmens.

Ich vertrete die Sache der Qualität zwar fest, aber mit diplomatischem Geschick durch Überzeugung und Motivation. Meine Mitarbeiter führe ich stets zielstrebig und unter Praktizierung von Teamarbeit. Mit dem notwendigen Maß an Offenheit, Einfühlungsvermögen und Kreativität treibe ich mit aller Kraft die Weiterentwicklung des QM-Systems voran. Gerne beschäftige ich mich mit modernen Qualitätsmanagement- und Führungstechniken sowie statistischen Verfahren. Die betriebsinternen und externen Veröffentlichungen zu QS-Themen gehören dazu.

Bremen, 25. Mai 2006

Andreas Adler, Diplom-Ingenieur (FH)
Bergedorfer Str. 75
28219 Bremen
Tel.: 0421 2894576
Mobilfunk: 0179 123454678
E-Mail: Andreas.Adler@t-online.de

Bremen, 25. Mai 2006

Omega Deutschland GmbH
Personalabteilung
Frau Dr. Ehrhardt
Friedenstr. 23
28217 Bremen

Diplom-Ingenieur mit langjähriger Berufserfahrung sucht Herausforderung als Bereichsleiter Qualitätsmanagement

Sehr geehrte Frau Dr. Ehrhardt,

auf Empfehlung von Herrn Zeughaus, mit dem ich gestern telefoniert habe, sende ich Ihnen meine Bewerbungsunterlagen.

Zu meiner Person:
Nach meiner Lehre als Betriebsschlosser habe ich Maschinenbau studiert und mich bei der „Deutschen Gesellschaft für Qualität" zum Qualitäts-Fachingenieur weitergebildet. Zurzeit bin ich in einem Spezialunternehmen für Schließanlagen als Abteilungsleiter QM tätig.

Mein Wissen und Können im Bereich QM habe ich besonders durch den Aufbau eines QM-Systems und die Einleitung des Zertifizierungsverfahrens nach DIN EN ISO 9001 unter Beweis gestellt. In meiner täglichen Arbeit bin ich es gewohnt, mich eigenverantwortlich, teamorientiert und mit Engagement für die Sache der Qualität einzusetzen. Eine starke Leistungsmotivation, gepaart mit hoher Lernbereitschaft, rundet mein berufliches und persönliches Profil ab.

Ich wünsche mir neue herausfordernde Aufgaben im Bereich QM und möchte gern einen Beitrag zur Weiterentwicklung Ihres Unternehmens leisten. Wenn ich Ihr Interesse geweckt haben sollte, würde ich mich über eine Einladung sehr freuen.

Mit freundlichen Grüßen

Andreas Adler

Anlage: Bewerbungsmappe

 → *Kommentar Seite 38*

Bewerbungsunterlagen

Andreas Adler
Bergedorfer Str. 75
28219 Bremen
Tel. 0421 2894576

für die
Omega Deutschland GmbH
Bremen

als
Bereichsleiter Qualitätsmanagement

Lebenslauf

1 Persönliche Daten

Andreas Adler

Bergedorfer Str. 75, 28219 Bremen

Tel.: 0421 2894576

Mobilfunk: 0179 123454678

E-Mail: Andreas.Adler@t-online.de

Geboren am 30. August 1963 in Münster/Westfalen

Lebensgemeinschaft mit Maria Schubert, Grundschullehrerin

Hobbys: Schach, Tai Chi Chuan

 → *Kommentar Seite 38*

2 Berufspraxis

2.1 Abteilungsleiter Qualitätswesen

Firma: IKROM AG, Bremen

Produkte: Mechanische und elektronische Zylinderschlösser, Schließanlagen, Kastenschlösser und Schutzbeschläge

Beschäftigte: 500, Umsatz: 200 Mio.

Führung: 25 Mitarbeiter, Berichterstattung an den Vorstand

Beschäftigt: seit 01/2001

Aufgaben:

- Qualitätsplanung, Qualitätstechnik und Qualitätsberichterstattung
- Wareneingangs-, Fertigungs- und Endprüfungen
- Aufbau und Pflege eines QM-Systems nach DIN EN ISO 9001
- Vorbereitung der Zertifizierung des QM-Systems
- Durchführung von internen und externen Qualitätsaudits
- Durchführung von betriebsinternen Qualitätsschulungen
- Projektmanagement im Bereich Qualitätssicherung
- Einführung von Arbeitsgruppen zur Entwicklung des Qualitätsbewusstseins in Richtung TQM
- Mitarbeit bei Einführung von Fertigungsinseln, Lean Management und anderen Restrukturierungsmaßnahmen

2.2 Gruppenleiter Qualitätssicherung

Firma: Energie GmbH, Werk Bremen

Produkte: Starterbatterien, Industriebatterien, Traktionsbatterien dryfit

Beschäftigte: 250

Führung: 20 Mitarbeiter

Beschäftigt: von 05/1995 bis 12/2000

Aufgaben:

- Wareneingangs- und Fertigungsprüfungen
- Aufbau eines Qualitätssicherungssystems
- Statistische Auswertung von Messdaten
- Beschaffung von Prüf- und Messmitteln
- Erstellung von Verfahrens- und Prüfanweisungen
- Mitarbeit beim Aufbau eines QS-Systems im Werk Spanien

2.3 Betriebsschlosser

Firmen: 3 verschiedene Firmen der Metallindustrie, Hannover und Berlin

Beschäftigt: von 10/1982 bis 10/1989

Aufgaben:

- Reparatur und Wartung von Werkzeugmaschinen

3 Ausbildung

3.1 Schul- und Berufsausbildung

03/1991 bis 07/1994	Technische Fachhochschule (TFH), Hannover Fachrichtung Maschinenbau **Abschluss:** Diplom-Ingenieur
10/1989 bis 02/1991	Fachoberschule, Hannover **Abschluss:** Fachhochschulreife
05/1979 bis 08/1982	Lehre als Betriebsschlosser, Fa. Mahnwald, Hannover **Abschluss:** Facharbeiter

3.2 Fortbildung

06/2003	Prüfungslehrgang: DGQ-Auditor Deutsche Gesellschaft für Qualität (DGQ), München **Abschluss:** DGQ-Auditor/EOQ Quality Auditor
03/1998 bis 07/2000	Lehrgang: Qualitätsmanagement QM Deutsche Gesellschaft für Qualität (DGQ), München **Abschluss:** Qualitätsfachingenieur DGQ
09/1995 bis 03/1997	Lehrgang: Qualitätstechnik QII Deutsche Gesellschaft für Qualität (DGQ), München **Abschluss:** Qualitätstechniker DGQ
11/1994 bis 05/1995	REFA-Grundausbildung für das Arbeitsstudium REFA-Landesverband Hannover e.V., Hannover **Abschluss:** REFA-Grundschein

3.3 Weitere Kenntnisse und Fähigkeiten

seit 2002	Verbesserung der englischen Sprachkenntnisse bei Berlitz International Inc., Bremen
seit 2000	Mitglied im Verein Deutscher Ingenieure (VDI), Sektionsleiter in Bremen Besuch div. Seminare und Vorträge zu Themen der QS
seit 1997	PC-Lehrgänge zur Textverarbeitung und Tabellenkalkulation, intensive Beschäftigung mit Textverarbeitung und Tabellenkalkulation (MS-Office) und weiteren Windows-Programmen, Grundkenntnisse der EDV und BASIC-Programmierung vorhanden

Referenzen und Arbeitsproben können bei Interesse vorgelegt werden.

Bremen, 25. Mai 2006 Andreas Adler

 → *Kommentar Seite 38*

Was spricht für mich?

Meine beruflichen Leistungen

- nachweislich langjährige erfolgreiche Führungsqualifikation
- fundierte Kenntnisse in allen Bereichen der Qualitätsplanung, -technik und -berichterstattung
- Aufbau und Pflege von QM-Systemen
- Projektmanagement im Bereich Qualitätssicherung
- Durchführung von internen und externen Qualitätsaudits
- Durchführung von betriebsinternen Qualitätsschulungen
- statistische Auswertung von Messdaten

Meine Arbeitsweise

Meine besonderen Stärken sind mein diplomatisches Geschick sowie meine Art, Mitarbeiter in Sachen QM zu motivieren und zu überzeugen. Der Umgang und die zielorientierte Zusammenarbeit mit anderen Menschen sind für mich persönlich von großer Bedeutung. Dabei beherrsche ich als praxiserprobter Fachingenieur alle „Register“ in der Verantwortung, die Sache der Qualität effektiv zu vertreten.

Andreas Adler

Bremen, 25. Mai 2006

Zu den Unterlagen von Andreas Adler

1. Version

Mit sehr schlichten grafischen Mitteln wendet sich der Bewerber im **Anschreiben** an die »Sehr geehrten Damen und Herren« und zeigt damit, dass hier vorab kein telefonischer Kontakt aufgenommen wurde.

Mit einem »Glaubensbekenntnis« und einem nicht überzeugend getexteten zweiten Absatz geht es weiter, gipfelnd in der sprachlichen Ungeschicktheit, PC-Kenntnisse »ebenfalls vorweisen« zu können. Das gesamte Anschreiben ist im Blocksatz gesetzt. Wir empfehlen eher den Flattersatz, der den Brief lebendiger wirken lässt.

Kurzum: Der Anschreibentext ist ziemlich unzulänglich. Aber wenden wir uns jetzt der eigentlichen Bewerbungsmappe zu: Das Deckblatt ist ordentlich gestaltet, wenngleich die Formulierung »zur Vorlage« bürokratisch-veraltet wirkt.

Der **Lebenslauf** hat ein ausgeprägtes Gliederungssystem und wirkt auf der ersten Seite wegen der schwerfälligen Form (»Name/Anschrift/Telefon/Geboren am«) unelegant und unmodern. Abschnitt 2 präsentiert die beruflichen Stationen in chronologischer Reihenfolge, was unvorteilhaft ist, im Gegensatz zu Abschnitt 3, wo die chronologische Aufzählung durchaus Sinn macht. Hier allerdings fehlt die Unterschrift. Der 4. Abschnitt ist der misslungene Versuch einer Dritten Seite, die stilistisch an das Anschreiben erinnert. Auch wenn der Bewerber Ingenieur und nicht Germanist ist, müssen an die textliche Gestaltung höhere Ansprüche gestellt werden.

Zum **Foto**: Was für ein unglücklicher Gesichtsausdruck! Sie werden denken, wir übertreiben, aber in der Realität sind solche und noch schlimmere Fotos nicht selten.

Einschätzung
Trotz ansatzweise guter Ideen nicht befriedigend.

2., überarbeitete Version

Dem immer noch schlichten Briefkopf folgt ein wesentlich besserer **Anschreiben**-Text. Hier wurde vorab telefoniert. Die Präsentation der Daten zur Person ist knapp, präzise und unterscheidet sich ganz wesentlich vom ersten Anschreiben.

Das überarbeitete **Deckblatt** wirkt etwas frischer, ebenso wie die erste Seite des Lebenslaufs mit den persönlichen Daten. Im Abschnitt 2 wurden die beruflichen Stationen in der amerikanischen Form gegliedert. Auch grafisch hat die Präsentation im Sinne einer besseren und leichteren Lesbarkeit gewonnen. Der 3. Abschnitt ist unverändert geblieben.

Die **Dritte Seite** ist wesentlich prägnanter getextet und erfüllt jetzt ihren Zweck. Alle drei Überschriften sind gut gewählt.

Ein überzeugendes **Foto**, wenngleich auch nur konservativ-klassisch.

Einschätzung
Eine deutliche Verbesserung einer im Ansatz schon ordentlichen Grundidee. Der sprachlichen Gestaltung sollte jeweils eine besondere Aufmerksamkeit gelten. In der Regel lohnt sich diese aber. »Sehr gut« nach der Überarbeitung.

Nun folgen vier Lebenslauf-Versionen, die verdeutlichen, welche Formenvielfalt außerdem noch möglich ist. Sie lernen jetzt die wichtigsten Grundformen, nämlich den chronologischen, zielgerichteten, funktionalen und kreativen Lebenslauf am Beispiel von Andreas Adler kennen.

Andreas Adler – Dipl.-Ing. (FH)

Bergedorfer Str. 75
28219 Bremen
Tel.: 0421 2894576
Mobilfunk: 0179 123454678
E-Mail: Andreas.Adler@t-online.de

geboren am:	30.08.1963
Geburtsort:	Münster in Westfalen
Familienstand:	Lebensgemeinschaft mit Grundschullehrerin

Berufserfahrung

2001 bis heute — IKROM AG, Bremen
Abteilungsleiter Qualitätswesen
- direkte Personalverantwortung für 25 Mitarbeiter der Abteilung Qualitätswesen
- langjährige Kompetenz in den Bereichen der Qualitätsplanung, -technik und -berichterstattung
- Erstellung und Pflege eines QM-Systems nach DIN EN ISO 9001
- Durchführung von internen und externen Qualitätsaudits
- Durchführung von betriebsinternen Qualitätsschulungen
- Projektmanagement im Bereich Qualitätssicherung
- Mitarbeit bei der Einführung von Fertigungsinseln, Lean Management und anderen Restrukturierungsmaßnahmen

1995 bis 2000 — Energie GmbH, Werk Bremen
Gruppenleiter Qualitätssicherung
- Gruppenleitung von 20 Mitarbeitern
- Durchführung von Wareneingangs- und Fertigungsprüfungen
- Aufbau eines Qualitätssicherungssystems
- Konzeption von Verfahrens- und Prüfanweisungen
- Auswertung von statistischen Messdaten
- Mitarbeit beim Aufbau eines QS-Systems im Werk Spanien

Ausbildung

2003	Deutsche Gesellschaft für Qualität (DGQ), München zum DGQ-Auditor/EOQ Quality Auditor
2000	zum Qualitätsfachingenieur DGQ
1997	zum Qualitätstechniker DGQ
1994	Technische Fachhochschule (TFH), Hannover Diplom-Ingenieur Fachrichtung Maschinenbau

Mitgliedschaften

Verein Deutscher Ingenieure (VDI) – Sektionsleiter in Bremen

Andreas Adler – Dipl.-Ing. (FH)

Bergedorfer Str. 75
28219 Bremen
Tel.: 0421 2894576
Mobilfunk: 0179 123454678
E-Mail: Andreas.Adler@t-online.de

geboren am:	30.08.1963
Geburtsort:	Münster in Westfalen
Familienstand:	Lebensgemeinschaft mit Grundschullehrerin

Berufsziel: Bereichsleiter Qualitätsmanagement

Berufserfahrungen

- Führungsqualifikation
- fundierte Kenntnisse in allen Bereichen der Qualitätsplanung, -technik und -berichterstattung
- Aufbau und Pflege von QM-Systemen
- Projektmanagement im Bereich Qualitätssicherung
- Durchführung von internen und externen Qualitätsaudits
- Durchführung von betriebsinternen Qualitätsschulungen
- statistische Auswertung von Messdaten

Arbeitsergebnisse

- Gruppenleitung von 25 Mitarbeitern
- Erstellung und Pflege eines QM-Systems nach DIN EN ISO 9001
- Mitarbeit bei der Einführung von Fertigungsinseln, Lean Management und anderen Restrukturierungsmaßnahmen
- Durchführung von Wareneingangs- und Fertigungsprüfungen
- Aufbau eines Qualitätssicherungssystems
- Konzeption von Verfahrens- und Prüfanweisungen
- Mitarbeit beim Aufbau eines QS-Systems im Werk Spanien

Berufsstationen

2001 bis heute	IKROM AG, Bremen **Abteilungsleiter Qualitätswesen**
1995 bis 2000	Energie GmbH, Werk Bremen **Gruppenleiter Qualitätssicherung**

Ausbildung

2003	Deutsche Gesellschaft für Qualität (DGQ), München zum DGQ-Auditor/EOQ Quality Auditor
2000	zum Qualitätsfachingenieur DGQ
1997	zum Qualitätstechniker DGQ
1994	Technische Fachhochschule (TFH), Hannover Diplom-Ingenieur Fachrichtung Maschinenbau

Mitgliedschaften

Verein Deutscher Ingenieure (VDI) – Sektionsleiter in Bremen

 → *Kommentar Seite 43*

Andreas Adler – Dipl.-Ing. (FH)

Bergedorfer Str. 75
28219 Bremen
Tel.: 0421 2894576
Mobilfunk: 0179 123454678
E-Mail: Andreas.Adler@t-online.de

geboren am: 30.08.1963 in Münster in Westfalen, unverheiratet

Abteilungsleiter Qualitätswesen

- direkte Personalverantwortung für 25 Mitarbeiter der Abteilung Qualitätswesen
- langjährige Kompetenz in den Bereichen der Qualitätsplanung, -technik und -berichterstattung
- Erstellung und Pflege eines QM-Systems nach DIN EN ISO 9001
- Durchführung von internen und externen Qualitätsaudits
- Durchführung von betriebsinternen Qualitätsschulungen
- Projektmanagement im Bereich Qualitätssicherung
- Mitarbeit bei der Einführung von Fertigungsinseln, Lean Management und anderen Restrukturierungsmaßnahmen

Gruppenleiter Qualitätssicherung

- Gruppenleitung von 20 Mitarbeitern
- Durchführung von Wareneingangs- und Fertigungsprüfungen
- Aufbau eines Qualitätssicherungssystems
- Konzeption von Verfahrens- und Prüfanweisungen
- Auswertung von statistischen Messdaten
- Mitarbeit beim Aufbau eines QS-Systems im Werk Spanien

Betriebsschlosser

- fundierte Fachkenntnisse durch 7-jährige Berufspraxis
- Reparatur und Wartung von Werkzeugmaschinen für die Stanzindustrie

Berufsstationen

2001 bis heute	IKROM AG, Bremen – Abteilungsleiter Qualitätswesen
2005 bis 2000	Energie GmbH, Werk Bremen – Gruppenleiter Qualitätssicherung
1982 bis 1989	3 verschiedene Firmen der Metallindustrie, Hannover und Berlin

Mitgliedschaften

Verein Deutscher Ingenieure (VDI) – Sektionsleiter in Bremen

Ausbildung

2003	Deutsche Gesellschaft für Qualität (DGQ), München zum DGQ-Auditor/EOQ Quality Auditor
2000	zum Qualitätsfachingenieur DGQ
1994	Technische Fachhochschule (TFH), Hannover Diplom-Ingenieur Fachrichtung Maschinenbau

Lebenslauf Andreas Adler

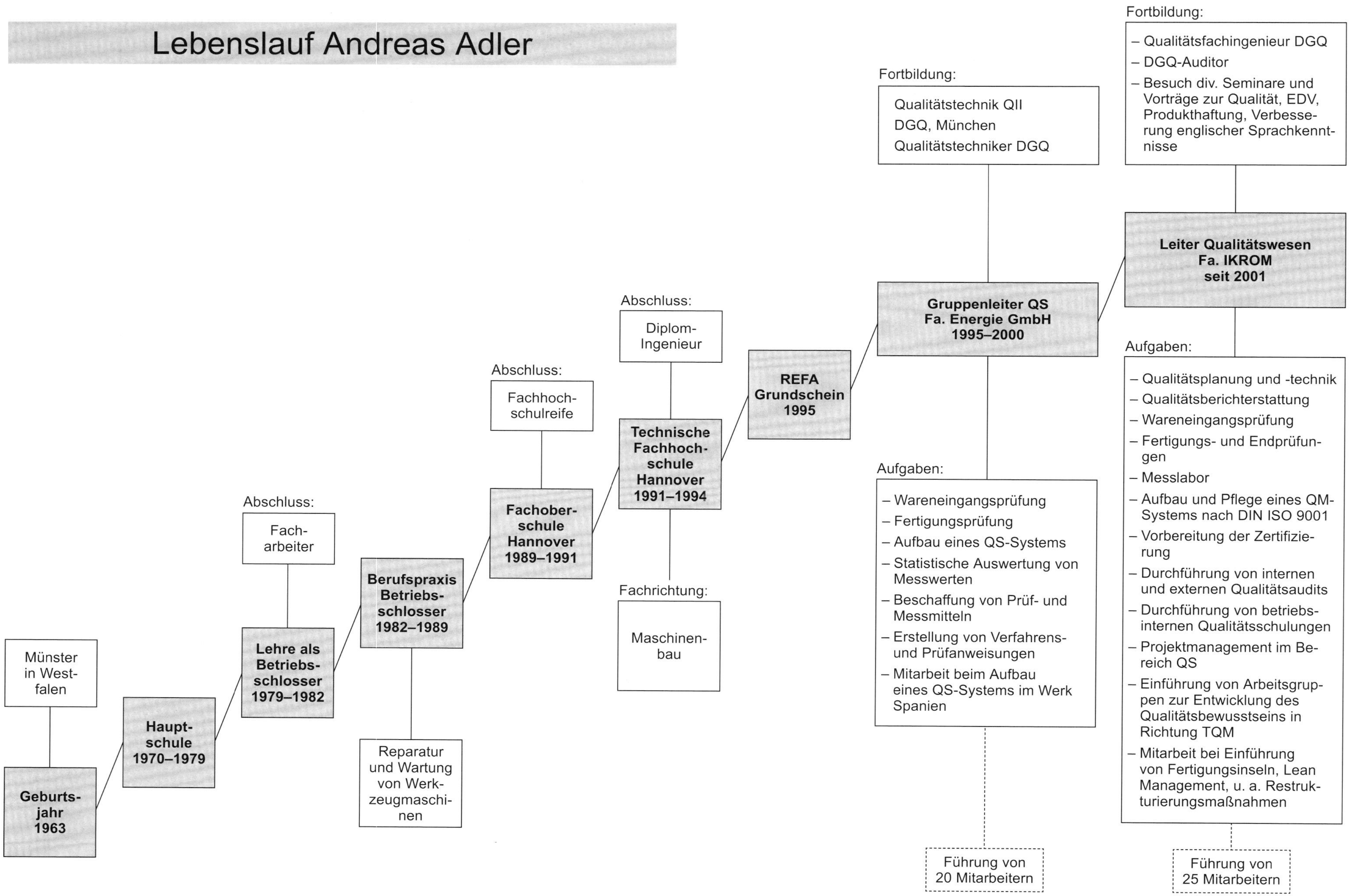

→ Kommentar Seite 44

Zu den Lebensläufen von Andreas Adler

Hier stellen wir Ihnen zusätzlich vier separate Lebensläufe zu diesem Bewerber vor, die jeweils in kurzer und knapper Form auf nur einer Seite das Wesentliche präsentieren. Mit diesen Beispielen möchten wir Ihnen demonstrieren, dass Ihrer Kreativität bei der Gestaltung Ihres Lebenslaufs keine Grenzen gesetzt sind. Die Form kann je nach Funktion, d.h. dem besonderen Zweck, dem sie dienen soll, variieren. Auf die Unterschrift haben wir bei den vorliegenden Beispiellebensläufen jeweils verzichtet.

Grundsätzlich zur Platzierung des Fotos: Wenn man sich nicht für ein kleines Foto oben rechts unterhalb der Briefkopf-Absender-Gestaltung entscheiden will, bleibt einem noch das Deckblatt, das neben dem Empfänger dann Foto und persönliche Daten des Bewerbers enthält. Alternativ kann man es auch auf dem Anschreiben platzieren, zum Beispiel im oberen Bereich.

Chronologischer Lebenslauf

In der ersten Variante werden nach den persönlichen Daten die Berufserfahrung, Ausbildung und Mitgliedschaften in komprimierter Form dargestellt. Für den beruflichen Werdegang wird gezielt die Überschrift »Berufserfahrung« gewählt und das letzte Arbeitsverhältnis als Erstes aufgeführt. Beachten Sie auch, dass man dieser Anstellung den meisten Platz einräumt. Die Berufspositionen und Firmen werden hervorgehoben und die Aufgaben und Erfolge des Bewerbers genau beschrieben. Aus Platzgründen sind nur die letzten beiden Arbeitsstationen angegeben.

Dieser chronologische Lebenslauf entspricht, von geringfügigen Abweichungen abgesehen, der gängigsten Form, mit der die Arbeitgeber vertraut sind. Diese Art der Gestaltung ist zu empfehlen, wenn Sie im gleichen Berufsfeld bleiben wollen, Ihr Aufstieg auf der Karriereleiter gut zu erkennen ist und Sie die letzte Position besonders hervorheben möchten.

Zielgerichteter Lebenslauf

Bei der zweiten Variante fällt als Erstes die Überschrift »Berufsziel« ins Auge. Es werden ohne Daten die Berufserfahrungen und Arbeitsergebnisse aufgeführt. Erst danach folgen mit Zeitangaben die letzten Berufsstationen, Ausbildung und Mitgliedschaften. Dieser zielgerichtete Lebenslauf bietet sich an, wenn Sie ein klares Berufsziel vor Augen haben. Es ist allerdings unabdingbar, das gewünschte Berufsfeld sorgfältig erforscht zu haben. Sie sollten vor allem zukunftsbezogene Fähigkeiten präsentieren und diese durch Ergebnisse und Leistungen unterstützen. Bei dieser Form können Sie auch Kenntnisse aufführen, die Sie bisher beruflich noch nicht eingesetzt haben. Nicht zu empfehlen ist dieser Lebenslauf jedoch, wenn Sie sich Ihrer Fähigkeiten nicht ganz sicher sind oder erst am Anfang Ihrer Karriere stehen und deshalb kaum Erfahrung besitzen.

Funktionaler Lebenslauf

Die persönlichen Daten werden hier aus Platzgründen auf eine Zeile reduziert. Dann folgen ohne Zeitangaben Beschreibungen der wichtigsten Qualifikationen des Bewerbers, nach Sachgebieten gegliedert, d. h. mit den Überschriften »Abteilungsleiter Qualitätswesen«, »Gruppenleiter Qualitätssicherung« und »Betriebsschlosser« versehen. Wie beim zielgerichteten Lebenslauf werden erst im Anschluss daran die Berufsstationen, Mitgliedschaften und Ausbildung mit den entsprechenden Daten aufgelistet.

Bei dieser Form des Lebenslaufs können Sie also Ihre Schwerpunkte und Stärken – nach Sachgebieten gegliedert – sehr gut unterstreichen und in eine Reihenfolge bringen, die auf Ihr Berufsziel zugeschnitten ist. Der funktionale Lebenslauf ist zu empfehlen, wenn Lücken und »unproduktive« Phasen in Ihrer beruflichen Entwicklung bestehen, da Sie bei dieser Darstellung nicht an eine chronologische Auflistung gebunden sind. Er bietet sich ebenfalls an, falls Sie einen Karrierewechsel vorhaben, vielen verschiedenen zusammenhanglosen Tätigkeiten nachgegangen oder gar Berufseinsteiger sind. Ebenso wie beim zielgerichteten Lebenslauf können Sie hier Erfahrungen und Fähigkeiten hervorheben, die Sie sich in Ihrer Freizeit oder durch ehrenamtliche Tätigkeiten angeeignet haben.

Nachteil dieser Version ist der Aufwand, denn für jede einzelne Bewerbung muss dieser Lebenslauf neu gegliedert werden. Wie beim zielgerichteten Lebenslauf sind darüber hinaus die Arbeitgeber nicht an diese Form der Darstellung gewöhnt. Daher könnte sie bei Personalverantwortlichen unter Umständen Verwirrung hervorrufen. Es liegt also an Ihnen, durch Ihre Bewerbungsunterlagen diese eventuelle Ungewohntheit auszubalancieren, indem Sie durch das Gesamtbild Ihres Prospektes in eigener Sache überzeugen.

Kreativer Lebenslauf

Die letzte Version stellt eine besonders innovative Lebenslaufform dar. Bei diesem Schaubild sind die einzelnen beruflichen Stationen grafisch klar und übersichtlich aneinander gereiht. Für die letzten beiden beruflichen Positionen sind auch die wichtigsten Aufgaben aufgeführt. Insgesamt kommt der berufliche Aufstieg sehr gut zur Geltung. Eine wirklich überzeugende, gelungene Präsentation!

Die Verwendung eines solch kreativen Lebenslaufes sollte allerdings gut überlegt sein. In sehr konservativen Bereichen (z. B. öffentlicher Dienst, Banken, etc.) ist diese Form sicherlich nicht angebracht. Sie sollten eine derartige Darstellung auch nur dann wählen, wenn Sie wirklich in der Lage sind, etwas Überraschendes und Kreatives zu produzieren. Anwendungsmöglichkeiten bieten zum Beispiel die Berufsbereiche Schauspieler, Werbetexter, Fotomodelle, Produktmanager oder Reporter. Ein Werbetexter könnte eine gut geschriebene Anzeige über sich selbst verfassen, ein Fotomodell eine Collage aus ihren Bildern liefern oder ein Produktmanager sich selbst als »Produkt« darstellen. Je moderner das gewünschte Unternehmen ist, bei dem Sie sich vorstellen möchten, desto unkonventioneller kann Ihre Präsentation ausfallen. Bleibt hier nur noch die Frage, wo das Foto platziert wird. Vorschlag: im Anschreiben.

Marion Mittelstädt, Kastanienweg 16, 13587 Berlin, Tel./Fax 4597625

Neumüller & Söhne
Haustechnik GmbH
Herrn Neumüller
Westfälische Str. 52
10709 Berlin

Berlin, 13. Januar 2006

Suchen Sie aktuell oder demnächst eine kompetente Gas- und Wasserinstallateurin mit viel Energie und hoher Leistungsmotivation?

Sehr geehrter Herr Neumüller,

auch wenn ich als Frau in einem so genannten Männerberuf vielleicht noch eine Ausnahme bin, kann ich eine 7-jährige kenntnisreiche Berufserfahrung nachweisen.
Bevor Sie diesen Brief nach den ersten Zeilen beiseite legen, sehen Sie sich einfach mal an, was ich zu bieten habe:

- ☐ meine Ausbildung als Gas- und Wasserinstallateurin habe ich mit *sehr gut* bestanden

- ☐ mein Vater ist Gas- und Wasserinstallateurmeister und leitet eine Sanitär- und Heizungstechnikfirma, d. h., ich bin mit Metallbautechnik groß geworden und habe mit meinem Vater oft in der Werkstatt geschweißt und gelötet

- ☐ ich bringe fundierte Kenntnisse in den manuellen Arbeitstechniken mit und kann eine sehr präzise Arbeitsweise vorweisen.

Meine beruflichen Einsatzorte waren sowohl auf Montagebaustellen als auch im Kundendienst und in der Werkstatt. Sind Sie jetzt ein bisschen neugierig geworden? Dann sehen Sie sich bitte meine beigefügten Bewerbungsunterlagen an. Ich hoffe, dass Sie keine Vorurteile haben und jedem, der über eine gute Qualifikation verfügt, eine Chance geben. Es wäre mir eine Freude, in Ihrem Unternehmen zu arbeiten, und ich bin mir sicher, Sie in einem persönlichen Vorstellungsgespräch von meinen Fähigkeiten überzeugen zu können.

Mit freundlichen Grüßen

Anlage

Marion Mittelstädt
Kastanienweg 16
13587 Berlin

Tel./Fax 4597625

Bewerbung als
Gas- und Wasserinstallateurin bei

Neumüller & Söhne
HAUSTECHNIK GMBH

 ➔ *Kommentar Seite 49*

ZU MEINER PERSON

Persönliche Daten

Marion Mittelstädt

geboren am 3.12.1977

in Berlin

unverheiratet

ortsungebunden

Meine beruflichen Kenntnisse und Fertigkeiten

- ☐ absolut sicheres Beherrschen der manuellen Arbeitstechniken
- ☐ sehr gute Kenntnisse in der Mess-, Steuerungs- und Regeltechnik sowie in der Umwelt- und Heizungstechnik durch Fortbildung
- ☐ versiert in der Kundenberatung und -betreuung
- ☐ fundierte Kenntnis der Werkstoff-, Material-, Waren- und Produktkunde
- ☐ Erfahrungen im Erstellen technischer Zeichnungen
- ☐ Aufstellen und Inbetriebnahme von Maschinen und Anlagen
- ☐ Reparieren und Instandsetzen von Anlagen inklusive Ursachenanalyse
- ☐ sachkundig in Arbeitssicherheits- und Unfallverhütungsmaßnahmen

Meine persönlichen Stärken

- ☐ gute Planung und Vorbereitung von Arbeitsabläufen
- ☐ Einfallsreichtum und Improvisationsfähigkeit
- ☐ Räumliches Vorstellungs- und Formauffassungsvermögen
- ☐ sehr gute und schnelle Anpassungsfähigkeit
- ☐ Bereitschaft und Fähigkeit zur Teamarbeit
- ☐ gute Stressresistenz
- ☐ ausgeprägte Ausdauer und Geduld bei der Fehlersuche
- ☐ große Geschicklichkeit und Fingerfertigkeit
- ☐ präzise und zuverlässige Arbeitsweise

LEBENSLAUF

Berufspraxis

seit 10/2003	*Fa. Peter Krämer* Sanitär- und Gasinstallation GmbH vorwiegend im Servicebereich und Kundendienst tätig Aufgabe: Reparieren von Rohrleitungssystemen
7/2000 bis 9/2003	*Kempenholz GmbH* vorwiegend auf Montagebaustellen tätig und für Altbau-Sanierungen eingesetzt
4/1998 bis 6/2000	*Gebrüder Gottschalk* Sanitärtechnik GmbH nach der Ausbildung besonders in der Werkstatt tätig

Berufsausbildung

9/1994 bis 3/1998	*Gebrüder Gottschalk* Sanitärtechnik GmbH Lehrzeit als Gas- und Wasserinstallateurin
23.3.1998	Gesellenprüfung bei der Handwerkskammer Berlin mit Note *sehr gut* bestanden

Schule

1990 bis 1994	Käthe-Kollwitz-Gesamtschule
1984 bis 1990	Bruno-Taut-Grundschule

Weiterbildung

2/2004 bis 7/2004	Fortbildung bei der H. Breitenmeyer Fachschule für Technik im Bereich Umwelt- und Heizungstechnik
8/1998	Schweißerlehrgang bei der Metallinnung Berlin

Berlin, 13. Januar 2006 Marion Mittelstädt

→ Kommentar Seite 49

Zu den Unterlagen von Marion Mittelstädt

Eine kurze und prägnante Initiativbewerbung, die bereits im **Anschreiben** von großem Selbstbewusstsein zeugt. Die grafische Gestaltung ist ansprechend, durch die schöne schlichte Kopfzeile mit Namen und Adresse der Kandidatin und dem durch quadratische Aufzählungszeichen hervorgehobenen Kompetenzblock wird beim Leser Aufmerksamkeit geweckt. Die innovativ, in Form einer Frage formulierte »Betreff-Zeile« fällt auf und lässt auf ein gesundes Selbstwertgefühl schließen, denn die Bewerberin weist sich Attribute wie Kompetenz, viel Energie und hohe Leistungsbereitschaft zu.

Nach der persönlichen Anrede des Personalverantwortlichen, der von ihr ermittelt wurde, überzeugt sie schon im ersten Absatz, in dem sie eventuelle Bedenken ihr gegenüber als Frau in diesem typischen Männerberuf geschickt ausräumt. Sie beruft sich auf ihre 7-jährige Berufserfahrung und leitet über zu ihren Fähigkeiten und Qualifikationen. In dem nachfolgenden, grafisch hervorgehobenen Kompetenzblock werden ihre Kenntnisse überzeugend zusammengefasst. Im letzten Absatz gibt sie ihre bisherigen Einsatzorte an, wendet sich wieder mit einer Frage direkt an den Leser und verweist auf die folgenden Unterlagen. Wirklich ein geschickter und überzeugender Auftritt der Kandidatin!

Das folgende **Deckblatt**, bereits mit Foto, ist, obgleich eher schlicht, dennoch ästhetisch ansprechend. Der Firmenname ist hervorgehoben.

Auf der nächsten Seite wird nicht wie erwartet der Lebenslauf präsentiert, sondern wir erfahren Näheres zur Person: Nach den persönlichen Daten werden die beruflichen Kenntnisse und Fertigkeiten sowie zu guter Letzt die persönlichen Stärken in Form einer Auflistung – wieder mit den quadratischen Aufzählungszeichen – hervorgehoben. Eine dramaturgisch überzeugende Darstellung, die den (Selbst-)Behauptungsdrang der Bewerberin in dieser typischen Männerdomäne zusätzlich unterstreicht.

Erst anschließend folgt der **Lebenslauf**, der in sehr komprimierter und übersichtlicher Form die Themenblöcke Berufspraxis, -ausbildung, Schule und Weiterbildung beschreibt. Für die Abfolge wurde wieder die amerikanische Form gewählt, und bei den Berufsstationen sind kurze Aufgaben- bzw. Einsatzgebiete erwähnt. Sehr gut! Einziger Kritikpunkt: Es fehlen besondere Kenntnisse oder Hobbys. Schade, denn so erfahren wir nicht, dass Fallschirmspringen ihre große Leidenschaft ist.

Ein außergewöhnlich attraktives **Foto**, interessante Kopfposition, ansprechendes Format, unterstützt dieses Bewerbungsvorhaben positiv. Alternativ haben wir auch noch das nachfolgende Foto der Kandidatin anzubieten.

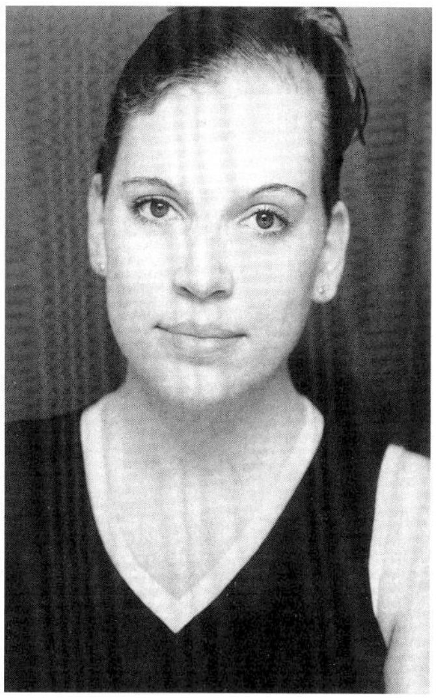

Alternativbild** zu den Bewerbungsunterlagen von Marion Mittelstädt. Vergleichen Sie dazu das **Bewerbungsfoto** auf* ***→ Seite 46.

Einschätzung

Eine Initiativbewerbung, die durch das gelungene Anschreiben, Schlichtheit und Prägnanz in der Darstellung besticht. Note »sehr gut«.

Jörg Jankowski
Diplom-Betriebswirt

Normannenstr. 56
52070 Aachen
Tel.: 0241 4582378
E-Mail: jankowski@t-online.de

Manpower Personaldienstleistungen
Personaldirektion
Dr. Timmermann
Gerlachstr. 63
52064 Aachen

Aachen, 31. Dezember 2005

Meine Initiativbewerbung als Ihr Niederlassungsleiter

Sehr geehrter Herr Dr. Timmermann,

nach dem freundlich-informativen Telefonat mit Herrn Schulze-Pietsch erhalten Sie hier meine Bewerbungsunterlagen. Im Folgenden eine kurze Darstellung meiner Person:

- Diplom-Betriebswirt, Kommunikationstechniker, 37 Jahre alt
- 6 Jahre IBN-Berufserfahrung, Gebietsleiter (Teamleiter)
- hochmotiviert, leistungsstark und zielorientiert
- Erfahrung in Personaldienstleistungen

Meine Gehaltsvorstellung liegt im Bereich € 70–80.000,– p. a.
Ein optimaler Eintrittstermin wäre für mich der 1. April 2006.

Über eine Einladung zu einem persönlichen Gespräch freue ich mich.

Mit freundlichen Grüßen und allen guten Wünschen für das neue Jahr

Jörg Jankowski

Anlagen

BEWERBUNGSUNTERLAGEN

MANPOWER PERSONALDIENSTLEISTUNGEN

Jörg Jankowski

Diplom-Betriebswirt
Normannenstr. 56
52070 Aachen

Jörg Jankowski

Normannenstr. 56
52070 Aachen

Tel.: 0241 4582378

E-Mail: jankowski@t-online.de

geboren am 13. August 1968 in Aachen

ledig, keine Kinder

Resümee
berufliche und persönliche Kenntnisse, Erfahrungen und Fähigkeiten

IBN

Vom Trainee bis zum Gebietsleiter (Umsatz EUR 12 Mio.) habe ich mir, aufbauend auf dem Betriebswirt-Studium, wichtige Kenntnisse und Fertigkeiten in der freien Wirtschaft angeeignet.

USA

Auslandserfahrung und der Abschluss eines „High School Diplom" haben meinen Horizont wesentlich erweitert.

ZIEL

Zu meinen wichtigen persönlichen Eigenschaften gehört das Vermögen, mir Ziele zu setzen und diese dann gemeinsam mit meinen Partnern zu erreichen.

Lebenslauf

BERUFSPRAXIS

Juli 2001 – Dez. 2005

IBN Komm Aachen AG
Gebietsleiter für die NBL
Vertriebsbeauftragter

- Gebietsleiter (Teamleiter für eine 4er-Gruppe)
  Umsatzverantwortung von € 12 Mio.
  Betreuung der autorisierten Händler
- Portefeuille-Analysen und Erarbeitung von Marketingstrategien
  Vertriebsbeauftragter Multimedia
- Projektleiter für Industriemessen
- Projektleitung für die Neuentwicklung von CD-ROMs auf dem Telefonmarketingsektor

Febr. 1998 – Juni 2001

IBN Komm Deutschland AG, Frankfurt am Main
Bereich Feinmarketing

- Leitung eines Projektes für den Europäischen Markt im Bereich Bankautomation
- Planung der Logistik und Materialbestellung

Jan. 1993 – Dez. 1995

Job-Zeitarbeit GmbH
Bereichsstellenleiter

STUDIUM UND BERUFSAUSBILDUNG

Sept.	1996	Schule für Kommunikation und EDV, Nixdorf AG
Jan.	1998	Abschluss: Kommunikationstechniker
Jan.	1996	Auslandsaufenthalt in Canberra, Australien
Aug.	1996	Sprachintensivkurs
Okt.	1988	Fachhochschule für Wirtschaft, Hamburg
Sept.	1992	Abschluss: Diplom-Betriebswirt

SCHULAUSBILDUNG

Aug.	1984	Oberstufenzentrum für Wirtschaft, Hamburg
Mai	1988	Abschluss: Abitur
Aug.	1985	Austauschschüler in den USA
Juli	1986	High School in Baltimore/USA
		Abschluss: High School Diplom
April	1975	Carl-von-Ossietzky-Grundschule, Hamburg
Juni	1979	Heinrich-Heine-Gymnasium, Hamburg

WEITERE TÄTIGKEITEN

von 1989	zur Finanzierung des Studiums Tätigkeiten im
bis Dez. 1992	Gastronomiebereich sowie als
	Wissenschaftlicher Mitarbeiter im Steuerberaterbüro
	von H. Wilske, Hamburg

ENGAGEMENT UND HOBBYS

Leitung einer Jungengruppe im Paritätischen Wohlfahrtsverband Berlin (Ausbildung zum Jugendleiter)
Golf und Tauchen
Mitglied im Golfclub Hohenkremmen

Aachen, 31. Dezember 2005

WIE ICH WURDE, WAS ICH BIN

Meine privaten und beruflichen Aufenthalte in angloamerikanischen Ländern wie den USA und Australien prägten nachhaltig meinen Wunsch, in einem amerikanisch geführten Unternehmen zu arbeiten.

In acht Jahren vielseitiger IBN-Erfahrung, zunächst als Trainee und später als Gebietsleiter im Vertrieb, konnte ich mir einen sehr guten Überblick über das Zusammenspiel der verschiedenen Bereiche in einem Unternehmen erarbeiten. Mit Kundenkontakten auf jeder Ebene, Verkauf und Logistik bin ich bestens vertraut. Umsatz- und Marketingziele sind für mich persönliche Herausforderungen, denen ich mich gern und mit hohem Engagement stelle.

Teamgeist, Durchsetzungsvermögen und Lernbereitschaft kennzeichnen mich ebenso wie meine Fähigkeit, guten Kontakt zu Mitmenschen aufzubauen, um gemeinsam mit ihnen etwas zu bewegen, unsere Ziele zu erreichen.

Aachen, 31. Dezember 2005

Jörg Jankowski

 → *Kommentar Seite 57*

ANLAGEN

- Zwischenzeugnis IBN Komm Aachen AG
- Zeugnis IBN Komm Deutschland AG, Frankfurt a. M.
- Kurzbeschreibung der Firma Job-Zeitarbeit GmbH
- Zeugnis Nixdorf AG, Schule für Kommunikation und EDV
- Urkunde Diplom-Betriebswirt
- Sprachschul-Zertifikat, Canberra, Australien
- Diplom Baltimore High School, USA

→ *Kommentar Seite 57*

Zu den Unterlagen von Jörg Jankowski

Ein prägnantes, sehr übersichtliches **Anschreiben** zur Eröffnung. Hier wurde vorab telefoniert, wenn auch nicht direkt mit dem personalverantwortlichen Ansprechpartner. Dessen Name ist aber ermittelt, und in der Anschrift sowie in der Anrede wird darauf Bezug genommen. Nach einem kurzen Hinweis auf das Telefonat mit Herrn Schulze-Pietsch kommt der Kandidat schnell auf den Punkt. Er liefert eine gelungene Kurzpräsentation seiner vier wichtigsten Botschaften: beruflicher Ausbildungshintergrund und Alter, Berufserfahrung, persönliche Eigenschaften und spezielle berufliche Kenntnisse.

Die dann vorgetragenen Daten zur Gehaltsvorstellung und zum frühesten Eintrittstermin sind eine Sonderinformation, die der Kandidat anbietet. Auf Grund des Datums sind die Neujahrswünsche angemessen.

Das **Deckblatt** ist schlicht und übersichtlich und bietet evtl. bereits Platz für das Foto. Die Linie in der Kopfleiste des Anschreibens wird hier wie auf den folgenden Seiten als grafisches Element verwendet. Schlicht, aber okay!

Die präsentierten Angaben sind gut gewählt (z. B. Verzicht auf die Anschrift des Empfängers, Weglassen der Telefonnummer des sich bewerbenden Absenders).

Die sich anschließende erste **Seite mit persönlichen Daten**, Foto und Resümee überrascht mit ihrer klaren, informativen und präzisen Gestaltung. Die gewählte Überschrift (Resümee) mit Erklärungszeile sowie die drei folgenden Kurztitel der Info-Blöcke verführen zum Lesen und sind inhaltlich auch wirklich spannend gestaltet. Grafisch exzellent aufgebaut, lässt sich mit kurzem Blick das Wesentliche schnell erfassen; man wird neugierig auf die folgenden Seiten. Schon jetzt sind die Weichen für den Kandidaten positiv gestellt.

Apropos Ästhetik: Wenig Text und viel freier Raum auf den jeweiligen Seiten lassen die Beschäftigung mit den Unterlagen nie schwer oder mühevoll erscheinen. Die geschickt gewählte Schrifttype und -art (Fettung, Groß- und Kleinschreibung) trägt zusätzlich dazu bei.

Beim **Lebenslauf** wird mit der Berufspraxis und den neuesten Daten begonnen. Auch hier finden sich wieder alle guten Eigenschaften, die wir hinsichtlich der vorangegangenen Seiten positiv gewürdigt haben (interessante, präzise Informationen, sehr ästhetisch und damit leicht lesbar präsentiert, also keine Bleiwüste, keine Angst vor dem weißen Papier).

Die nachfolgende Seite informiert über Studium, Berufs- und Schulausbildung und endet mit Informationen zu Engagement und Hobbys.

Die von uns so genannte **Dritte Seite** hat eine recht provokant gewählte Überschrift, die aber durch den folgenden Inhalt gerechtfertigt erscheint. Gliederung und relativ kurze Absätze machen den Text nicht nur gut lesbar, sondern tragen mit dazu bei, die Botschaft glaubwürdig zu vermitteln. Die hier getroffenen Aussagen runden das gute Eindrucksbild des Bewerbers ab und führten übrigens in der Bewerbungsrealität zu einer ganzen Serie von Einladungen – mit der Konsequenz, dass sich der Kandidat unter mehreren attraktiven Arbeitsplatzangeboten das interessanteste aussuchen konnte.

An dieser Stelle, liebe Leserin, lieber Leser: Haben Sie bemerkt, dass sich unser Kandidat aus einer eben eingetretenen Arbeitslosigkeit beworben hat?

Zu guter Letzt: Das hier vorgelegte **Anlagenverzeichnis** ist »kunden-«, weil lesefreundlich.

Einschätzung
Top.

Helga Hartmann
Am Pfingstberg 6
14469 Potsdam
Tel. 0331 2343586
Fax 0331 2343589

Schäfer Finanz & Boden Management GmbH
Herrn Schnitzler
Kurfürstendamm 166
10707 Berlin

Potsdam, 20. Januar 2006

Sekretärin, 40 Jahre, mit langjähriger Berufserfahrung, sucht zum 1. Juli 2006 aktive, anspruchsvolle Mitarbeit in Ihrer Immobilien-Management-Firma

Sehr geehrter Herr Schnitzler,

Ihre Sekretärin Frau Wölfer sagte mir heute in einem Telefongespräch, dass Sie in Potsdam eine Niederlassung Ihres Unternehmens planen. Mir ist Ihre Firma aus meiner Zeit in Wiesbaden ein Begriff, denn ich hatte durch meine damalige Tätigkeit Kontakte zu Ihrer dortigen Niederlassung.

Sehr gern würde ich den Aufbau Ihrer Firma in Potsdam durch meine engagierte und aktive Mitarbeit voranbringen. Auf Grund meiner Tätigkeit bei Meyer Immobilien OHG in Berlin bringe ich fundierte Erfahrungen als Sekretärin des Projektleiters im Immobilien-Management mit.

Ferner strebe ich aus persönlichen Gründen eine Arbeitsstelle in Potsdam an.

Es würde mich sehr freuen, wenn Sie mich nach Prüfung meiner Bewerbungsunterlagen zu einem Vorstellungsgespräch einladen.

Mit freundlichen Grüßen

Helga Hartmann

Anlage: Bewerbungsmappe

 → *Kommentar Seite 66*

Bewerbung als Sekretärin

bei der Schäfer Finanz & Boden Management GmbH

Ich stelle mich Ihnen vor

Helga Hartmann

geboren am 9. November 1965
in Northeim
verheiratet, 1 Kind

Meine Einstellung zu meiner Arbeit

Sekretariatsarbeiten, ergänzt durch verschiedene spezifische Sachaufgaben, das Organisieren und die Zusammenarbeit mit Menschen bereiten mir stets sehr große Freude.

Meine Arbeitsweise zeichnet sich durch ausgeprägte Leistungsbereitschaft und einen hohen Leistungsanspruch an mich selbst aus. Zuverlässigkeit sowie Verantwortungsbewusstsein sind für mich selbstverständlich.
Ich arbeite gern eigenständig, habe aber auch großen Spaß daran, mich in ein kollegiales Team erfolgreich einzubringen.

Ich freue mich, wenn ich erlebe, wie mein Engagement zum Firmenerfolg beiträgt. Das gibt mir Bestätigung und Zufriedenheit.

 → *Kommentar Seite 66*

Meine persönlichen Stärken

- sichere Handhabung von modernen Bürokommunikationstechniken
- fit in der Anwendung von Textverarbeitung, Tabellenkalkulation und der Datenbank Access
- schnelle Auffassungsgabe und Einarbeitung in neue Arbeitsbereiche
- sicheres Auftreten und freundliche, verbindliche Umgangsformen im persönlichen und telefonischen Kundenkontakt
- ausgeprägtes Bewusstsein für den Umgang mit Zeit mit dem Effekt einer effizienten Organisation von Arbeitsabläufen
- große Sorgfalt und Präzision in der täglichen Arbeit
- langjährige Erfahrung in der Vorbereitung von Besprechungen, Sitzungen und Reisen
- sichere Aufnahme und Anfertigung von Protokollen
- und nicht zuletzt viel Spaß und Freude an meiner Arbeit

Lebenslauf (1)

Berufstätigkeit

seit 8/2001	*Naumann AG, Berlin* Abteilung Werbung und Marketing **Sekretärin des Abteilungsleiters** ◆ Koordination der Werbeaktivitäten, auch mit externen Agenturen ◆ Verantwortung für die Mediaplanung und Anzeigenkontrolle ◆ Mitwirkung bei der Vorbereitung von Werbespots
7/1997–7/2001	Geburt meiner Tochter und Kindererziehung
1/1993–6/1997	*Meyer Immobilien OHG, Berlin* **Sekretärin der Projektleiter** ◆ allgemeine Sekretariatsaufgaben ◆ Unterstützung der Projektleiter bei der Bearbeitung der betreuten Immobilienprojekte
4/1991–3/1993	*Calendula Arzneimittel GmbH, Wiesbaden* **Sekretärin für die Außendienstleitung** ◆ allgemeine Sekretariatsaufgaben ◆ Übernahme der Terminkoordination ◆ Reiseplanung ◆ Ansprechpartnerin aller Außendienstmitarbeiter
4/1987–3/1991	*E. Heinrichsen GmbH, Wiesbaden* **Vertriebssekretärin für Bauträger** ◆ selbstständige Erledigung der gesamten Korrespondenz ◆ Organisation des Vertriebs ◆ Vorbereitung von Prospekten
8/1985–8/1986	*Möbel Westerwelle GmbH, Wiesbaden* **kaufmännische Allroundkraft in den Bereichen:** ◆ Büroorganisation ◆ betriebliches Rechnungswesen ◆ Lohnbuchhaltung ◆ Wareneingang und -ausgang ◆ Kunden- und Lieferantendatei

 → *Kommentar Seite 66*

Fortbildung

laufend	Vervollständigung meiner EDV-Kenntnisse im Selbststudium
3/2004–4/2004	Didactica Schule, Berlin Seminar »Telefontraining«
3/2003–6/2003	VHS Schöneberg, Berlin PC Kurs MS-Excel, Aufbaukurs
10/2001–2/2002	VHS Schöneberg, Berlin PC Kurs MS-Excel, Grundkurs
3/1996–5/1996	Didactica Schule, Berlin Seminar „Zeitmanagement"
3/1992–8/1992	PC-Kolleg Wiesbaden Grund- u. Aufbaukurs MS-Word für Windows
6/1989–7/1989	Benedict School, Wiesbaden Französisch, Kurs für Fortgeschrittene
3/1988	Benedict School, Wiesbaden Englisch, Kurs für Fortgeschrittene

Berufsausbildung

9/1986–3/1987	Sekretärinnen-Schule in Wiesbaden **Ausbildung zur Sekretärin** Prüfung durch die IHK in Wiesbaden Abschluss: Note *gut*
8/1982–7/1985	Möbel Westerwelle GmbH, Wiesbaden **Ausbildung zur Bürokauffrau** Prüfung durch die IHK in Wiesbaden Abschluss: Note *gut*

Schulausbildung

1972–1982	Grund- und Realschule in Northeim Abschluss: Mittlere Reife

Sonstige Kenntnisse

EDV	MS-Word für Windows, MS-Excel für Windows, MS-Access für Windows, Corel Draw
Führerschein	Klasse B
Sprachen	Englisch und Französisch fließend in Wort und Schrift Italienisch gute Grundkenntnisse
Hobbys	Reisen, italienische Küche, Seidenmalerei

Potsdam, 20. Januar 2006

Helga Hartmann

 → Kommentar Seite 66

Arbeitszeugnisse

Anlagen

- Naumann AG, Berlin
- Meyer Immobilien OHG, Berlin
- Calendula Arzneimittel GmbH, Wiesbaden
- E. Heinrichsen GmbH, Wiesbaden
- Möbel Westerwelle GmbH, Wiesbaden

Prüfungszeugnisse

- IHK Wiesbaden
  Ausbildung zur Sekretärin
- IHK Wiesbaden
  Ausbildung zur Bürokauffrau

Weiterbildungszeugnisse

- Didactica Schule, Berlin
  Seminar »Telefontraining«
- VHS Schöneberg, Berlin
  PC Kurs MS-Excel, Aufbaukurs
- VHS Schöneberg, Berlin
  PC Kurs MS-Excel, Grundkurs
- Didactica Schule, Berlin
  Seminar »Zeitmanagement«
- PC-Kolleg Wiesbaden
  Grund- u. Aufbaukurs MS-Word für Windows
- Benedict School, Wiesbaden
  Französisch, Kurs für Fortgeschrittene
- Benedict School, Wiesbaden
  Englisch, Kurs für Fortgeschrittene

 → *Kommentar Seite 66*

Zu den Unterlagen von Helga Hartmann

Wie gefällt Ihnen diese Bewerbungsmappe? Es handelt sich um eine optisch außergewöhnliche und fast schon gewagte Präsentation, die sofort Aufmerksamkeit weckt, da sie den konventionellen Rahmen sprengt. Sehr mutig, sehr innovativ!

Das **Anschreiben**, grafisch sehr schlicht gehalten, bringt die Werbebotschaft der Bewerberin kurz und prägnant zum Ausdruck. Die Überschrift ist ähnlich einem Stellengesuch formuliert und macht sofort deutlich, worum es geht. Die Kandidatin hat vorab telefoniert, spricht den Grund der Bewerbung direkt an und beruft sich auch auf Kontakte zum Unternehmen aus ihrer beruflichen Vergangenheit. Dann werden ihre Motive, Kenntnisse und Bewerbungshintergründe kurz genannt. Wirklich ein gelungener Auftakt!

Das **Deckblatt** enthält nur die Zeilen »Bewerbung als ...« bei der »Schäfer Finanz ...«, die aber optisch durch die senkrechte Anordnung sehr auffallen. Dadurch hebt sich die Mappe garantiert von der breiten Masse ab. Durch einen roten oder grauen Pappdeckel könnte dieser Eindruck noch verstärkt werden. Der Leser wird in jedem Fall neugierig darauf, wie es weitergeht.

Auf der nun folgenden ersten Seite wird das grafische Element der senkrecht gestellten Zeile am rechten Rand mit dem Wortlaut »Ich stelle mich bei Ihnen vor«, wieder aufgenommen. Weiterhin präsentiert die Kandidatin ihr Foto, ihre persönlichen Daten und, unter der Überschrift »Meine Einstellung zu meiner Arbeit«, weitere wichtige Informationen zu ihrer Arbeitsweise.

Dann folgt nicht, wie zu erwarten wäre, der Lebenslauf, sondern der Leser wird durch eine **Dritte Seite** überrascht. Durch die fortgeführte Zeile am rechten Rand »Was ich Ihnen zu bieten habe«, und durch eine Auflistung mit Aufzählungszeichen werden die persönlichen Stärken der Bewerberin in prägnanter Form präsentiert.

Erst danach kommt der **Lebenslauf**, der die Themenblöcke Berufstätigkeit, Fortbildung, Berufs-, Schulausbildung und Sonstige Kenntnisse aufführt. Die zeitlichen Daten werden in amerikanischer Form aneinander gereiht, das Gestaltungselement der Zeile am rechten Rand wird konsequent fortgesetzt. Prima! Der gesamte Lebenslauf wirkt optisch sehr übersichtlich und klar, sodass der Leser keine Schwierigkeiten hat, sich bei den vielen Berufsstationen einen schnellen Überblick zu verschaffen. Sehr vorteilhaft sind auch die kurzen Aufgabenbeschreibungen zu den einzelnen Arbeitsstellen, die durch die Aufzählungszeichen noch hervorgehoben werden. Die Fortbildungsbereitschaft der Kandidatin kommt überzeugend zum Ausdruck. Ungewöhnlich, aber durchaus angebracht ist die Erwähnung, dass die Bewerberin ihre EDV-Kenntnisse im Selbststudium vervollständigt hat. Dies zeigt große Eigeninitiative.

Das **Anlagenverzeichnis** am Schluss rundet die gesamte Mappe optimal ab. Es passt sich der gesamten grafischen Gestaltung an, und die einzelnen Zeugnisse werden durch Zwischenüberschriften klar gegliedert.

Das **Foto** ist sympathisch, aber evtl. sind die Haare doch ein bisschen unordentlich.

Einschätzung
Eine dramaturgisch gut aufgebaute, optisch außergewöhnliche Darstellung mit der Note »sehr gut«.

Im folgenden Beispiel präsentieren wir Ihnen wieder eine Vorher/Nachher-Variante, die zeigt, dass sich eine Überarbeitung lohnt, auch wenn sie viel Arbeit macht und zeitaufwändig ist.

Detlef Döring
Diplom-Ingenieur
Hahnenweg 2
07234 Heilsheim
Telefon 0123 54321

Andy Anderson
Wirtschaftsprüfung und Steuerberatung GmbH
Landstr. 17
70555 Stuttgart

Heilsheim, den 4. August 2005

Initiativbewerbung als Assistent in der Mittelstandsberatung

Sehr geehrte Damen und Herren,

hiermit bewerbe ich mich bei Ihnen als Assistent in der Mittelstandsberatung.

Nach bereits erfolgreich beendetem Ingenieurstudium werde ich im September das Studium der Betriebswirtschaftslehre abschließen (Fachhochschule). Mein außerordentliches Interesse an betriebswirtschaftlichen Fragen hat sich während meines Praktikums bei einer renommierten Wirtschaftsprüfungsgesellschaft entwickelt.

Die beruflichen Erfahrungen, meine Begeisterung und mein besonderes Interesse an Berechnungen und der Arbeit mit Zahlen sind, ebenso wie meine Fähigkeit, komplexe technische Zusammenhänge mit betriebswirtschaftlichen Sachverhalten zu verknüpfen, optimale Voraussetzungen für eine effiziente Abwicklung von Aufgaben in Ihrem Hause.

Meinen Wunsch, Wissen und persönlichen Einsatz in ein expandierendes Unternehmen einzubringen, hoffe ich bei Ihnen umsetzen zu können, und ich freue mich auf eine Einladung zum persönlichen Gespräch.

Mit freundlichen Grüßen

Detlef Döring

Anlagen: Lebenslauf, Zeugnisse

Lebenslauf

Persönliche Daten

Name:	Detlef Döring
Anschrift:	Hahnenweg 2, 07234 Heilsheim
Telefon:	0123 54321
Geburtsdatum und Ort:	30. Juni 1976 in Ingen
Staatsangehörigkeit:	deutsch
Familienstand:	verheiratet, 1 Kind

Schulausbildung

1983–1987	Grundschule in Ingen
1987–1996	Gymnasium in Wenden, Abiturnote „1,5“

Wehrdienst

1996–1997	Grundwehrdienst als Panzerfahrer, Singen

Hochschulausbildung

10/1997–06/2001	**Maschinenwesen** an der Universität Stuttgart, Studienschwerpunkte: Fabrikbetriebslehre/Angewandte Thermodynamik Diplomarbeit: Entwicklung eines Computerprogramms zur Simulation eines Radialtransistors Begabtenförderung der Friedrich-Ebert-Stiftung Studienabschluss: Diplom-Ingenieur, Note „sehr gut“ und Auszeichnung mit dem Benno-Koch-Preis für hervorragende Studienleistungen bei kurzer Studiendauer
10/2000–10/2002	**Wirtschaftswissenschaften** Grundstudium an der Fernuniversität Hagen
seit 10/2002	**Betriebswirtschaftslehre** an der Fachhochschule Stuttgart, Studienschwerpunkte: Steuerlehre/Prüfungs-

 → Kommentar Seite 77

	und Revisionswesen Zwischenprüfung zum Wissenschaftsassistenten: Note „sehr gut“ Diplomarbeit: Vergleich der deutschen mit der amerikanischen Konzernrechnungslegung Studienabschluss: September 2005

Berufliche Erfahrungen/Praktika

06/1997–08/1997	Technisches Grundpraktikum bei Martens GmbH und Co. Waagenfabrik, Korzingen
04/1999–02/2000	Studentische Hilfskraft am Institut für Thermodynamik und am Lehrstuhl für Statistik an der Universität Stuttgart
06/1999	Praktikum bei der Wirtschaftsprüfungs- und Steuerberatungsgesellschaft Tucholsky, Ginsberg und Schlosser, Schweden
03/2000–05/2000	Technisches Praktikum bei Hermann Anlagensysteme GmbH und Co. KG, Bern
seit 10/2002	Mitarbeit im Rahmen des Studiums an der Fachhochschule bei Steuerberatung Meier und Söhne, Heilsheim

Besondere Kenntnisse

Sprachkenntnisse/Ausland

08/1997–10/1997	Schweden, Sprachkurs in Stockholm
07/2001–08/2001	England, Sprachkurs in Eton
10/2003	England, Wirtschaftsenglisch in York

EDV-Kenntnisse

1997–2005	Turbo-Pascal Word für Windows Excel für Windows Corel-Draw für Windows DATEV Steuer- und Betriebswirtschaftsprogramme

Heilsheim, 4. August 2005

Detlef Döring

Anlagen

Zeugnisse

Diplomzeugnis	Studium: **Maschinenwesen** Universität Stuttgart Auszeichnung mit dem Benno-Koch-Preis für hervorragende Studienleistungen bei kurzer Studiendauer
Zwischenzeugnisse	Grundstudium: **Wirtschaftswissenschaften** Fernuniversität Hagen Studium der **Betriebswirtschaftslehre** Fachhochschule Stuttgart Studienabschluss: September 2005
Hochschulreife	Gymnasium in Wenden

Auszeichnung

Benno-Koch-Preis

Praktika

Martens GmbH und Co. Waagenfabrik, Korzingen
Wirtschaftsprüfungs- und Steuerberatungsgesellschaft
Tucholsky, Ginsberg und Schlosser, Schweden
Hermann Anlagensysteme GmbH und Co. KG, Bern

Arbeitsbescheinigungen

Universität Stuttgart
Institut für Thermodynamik
Lehrstuhl für Statistik
Steuerberatung Meier und Söhne, Heilsheim

Zertifikate/ Sprachkurse

Stockholm, Schweden
Eton, England
York, England

 → *Kommentar Seite 77*

Detlef Döring
Diplom-Ingenieur

Hahnenweg 2
07234 Heilsheim
Telefon 0123 54321

Andy Anderson
Wirtschaftsprüfung und Steuerberatung GmbH
Herrn Dr. Eckhardt
Landstr. 17
70555 Stuttgart

Heilsheim, 4. August 2005

Diplom-Ingenieur und angehender Betriebswirt sucht anspruchsvolle Arbeit als Assistent in der Mittelstandsberatung

Sehr geehrter Herr Dr. Eckhardt,

wie in unserem ausführlichen und aus meiner Sicht sehr angenehmen Telefonat besprochen, erhalten Sie hier meine Bewerbungsunterlagen.

Nach einem bereits erfolgreich beendeten Ingenieurstudium werde ich im September das Studium der Betriebswirtschaftslehre abschließen (Fachhochschule). Mein außerordentliches Interesse an betriebswirtschaftlichen Fragen hat sich während meines Praktikums bei einer renommierten Wirtschaftsprüfungsgesellschaft entwickelt, sodass ich noch während meines ersten Studiums meiner Neigung zu ökonomischen Fragestellungen in Form eines Grundstudiums Wirtschaftswissenschaften an der Fernuniversität Hagen nachging.

Die beruflichen Erfahrungen, meine Begeisterung für die Arbeit mit Zahlen ebenso wie meine Fähigkeit, komplexe technische Zusammenhänge mit betriebswirtschaftlichen Sachverhalten zu verknüpfen, erscheinen mir als optimale Voraussetzungen für eine effiziente Abwicklung von Aufgaben in Ihrem Hause.

Meinen Wunsch, Wissen und persönlichen Einsatz in ein expandierendes Unternehmen einzubringen, hoffe ich bei Ihnen umsetzen zu können und freue mich auf eine Einladung zu einem persönlichen Gespräch.

Mit freundlichen Grüßen

Detlef Döring

Anlagen

Bewerbung als Assistent
in der Mittelstandsberatung

bei
Andy Anderson
Wirtschaftsprüfung und Steuerberatung GmbH
Stuttgart

von
Detlef Döring
Diplom-Ingenieur
Hahnenweg 2
07234 Heilsheim
Telefon 0123 54321

 → *Kommentar Seite 77*

Zunächst zu meiner Person

Detlef Döring

geboren am 30. Juni 1976
in Ingen
verheiratet, ein Kind

Ausbildungshintergrund

Diplom-Ingenieur
Student der Betriebswirtschaftslehre
im letzten Semester

Resümee

Als Ingenieur und angehender Betriebswirt bringe ich eine interessante Mischung aus technischem und ökonomischem Fachwissen ein. Flexibilität im Denken sowie Präzision in der Planung charakterisieren meinen Arbeitsstil. Basis meiner Überlegungen sind dabei immer praktisch anwendbare Lösungen in einer strategisch sinnvollen Kosten-Nutzen-Relation.

Detlef Döring, Dipl.-Ing., Hahnenweg 2, 01234 Heilsheim, Tel.: 0123 54321

Lebenslauf

Hochschulausbildung

seit 10/2002	**Betriebswirtschaftslehre** an der Fachhochschule Stuttgart, Studienschwerpunkte: Steuerlehre/Prüfungs- und Revisionswesen Zwischenprüfung zum Wissenschaftsassistenten: Note „sehr gut" Diplomarbeit: Vergleich der deutschen mit der amerikanischen Konzernrechnungslegung Studienabschluss: September 2005
10/2000–10/2002	**Wirtschaftswissenschaften** Grundstudium an der Fernuniversität Hagen
10/1997–06/2001	**Maschinenwesen** an der Universität Stuttgart, Studienschwerpunkte: Fabrikbetriebslehre/ Angewandte Thermodynamik Diplomarbeit: Entwicklung eines Computerprogramms zur Simulation eines Radialtransistors Begabtenförderung der Friedrich-Ebert-Stiftung Studienabschluss: Diplom-Ingenieur, Note „sehr gut" und Auszeichnung mit dem Benno-Koch-Preis für hervorragende Studienleistungen bei kurzer Studiendauer

Berufliche Erfahrungen/Praktika

seit 10/2002	Mitarbeit im Rahmen des Studiums an der Fachhochschule bei Steuerberatung Meier und Söhne, Heilsheim
03/2000–05/2000	Technisches Praktikum bei Hermann Anlagensysteme GmbH und Co. KG, Bern
06/1999	Praktikum bei der Wirtschaftsprüfungs- und Steuerberatungsgesellschaft Tucholsky, Ginsberg und Schlosser, Schweden
04/1999–02/2000	Studentische Hilfskraft am Institut für Thermodynamik und am Lehrstuhl für Statistik an der Universität Stuttgart
06/1997–08/1997	Technisches Grundpraktikum bei Martens GmbH und Co. Waagenfabrik, Korzingen

Detlef Döring, Dipl.-Ing., Hahnenweg 2, 01234 Heilsheim, Tel.: 0123 54321

→ *Kommentar Seite 77*

Sprachkenntnisse/Ausland

10/2003	England, Wirtschaftsenglisch in York
07/2001–08/2001	England, Sprachkurs in Eton
08/1997–10/1997	Schweden, Sprachkurs in Stockholm

EDV-Kenntnisse

1997–2005	Turbo-Pascal Word für Windows Excel für Windows Corel-Draw für Windows DATEV Steuer- und Betriebswirtschaftsprogramme

Wehrdienst

1996–1997	Grundwehrdienst als Panzerfahrer, Singen

Schulausbildung

1987–1996	Gymnasium in Wenden, Abiturnote „1,5"
1983–1987	Grundschule in Ingen

Hobbys

Alpin-Ski und Nordistik

Heilsheim, 4. August 2005

Detlef Döring

Detlef Döring, Dipl.-Ing., Hahnenweg 2, 01234 Heilsheim, Tel.: 0123 54321

Anlagen

Zeugnisse	
Diplomzeugnis	Studium: **Maschinenwesen** Universität Stuttgart
Zwischenzeugnisse	Grundstudium: **Wirtschaftswissenschaften** Fernuniversität Hagen Studium der **Betriebswirtschaftslehre** Fachhochschule Stuttgart Studienabschluss: September 2005
Hochschulreife	Gymnasium in Wenden
Auszeichnung	Benno-Koch-Preis der Universität Stuttgart für hervorragende Studienleistungen bei kurzer Studiendauer
Praktika	Martens GmbH und Co. Waagenfabrik, Korzingen Wirtschaftsprüfungs- und Steuerberatungsgesellschaft Tucholsky, Ginsberg und Schlosser, Schweden Hermann Anlagensysteme GmbH und Co. KG, Bern
Arbeitsbescheinigungen	Universität Stuttgart Institut für Thermodynamik Lehrstuhl für Statistik Steuerberatung Meier und Söhne, Heilsheim
Zertifikate/Sprachkurse	Stockholm, Schweden Eton, England York, England

Detlef Döring, Dipl.-Ing., Hahnenweg 2, 01234 Heilsheim, Tel.: 0123 54321

➔ Kommentar Seite 77

Zu den Unterlagen von Detlef Döring

1. Version

Das **Anschreiben** offenbart auf Anhieb zwei berüchtigte und gravierende Fehler: Es fehlt die persönliche Anrede (ggf. telefonisch klären), und der erste Satz ist so ziemlich das Langweiligste, was sich ein »Personaler« vorstellen kann. Das »den« vor dem Datum ist heute nicht mehr üblich, aber in Relation zu der fehlenden namentlichen Anrede noch verzeihlich. Der Anschreibentext ist recht ausführlich, eine Art verdichteter Lebenslauf. Die Aufzählung der Fähigkeiten klingt gekünstelt, die der Anlagen ist überflüssig. Die Wahl der Schrift für den Namen und die Überschrift ist vollkommen unpassend, weil unästhetisch. Also, es gibt bereits hier viel zu verbessern!

Ohne Deckblatt folgt der **Lebenslauf** in der klassischen, chronologischen Form, d. h., nach den persönlichen Daten, die mit den jeweiligen Überschriften zweispaltig aufgeführt sind, werden die Stationen Schulausbildung, Wehrdienst, Hochschulausbildung, berufliche Erfahrungen und besondere Kenntnisse aufgelistet. Innerhalb jedes Bereiches wird mit dem ältesten Datum angefangen, und das aktuellste folgt am Schluss. Die gesamte Darstellung wirkt sehr schwerfällig und konservativ. Für den Personalentscheider unwichtige Themenblöcke wie Schulausbildung und Wehrdienst treten dadurch zuerst ins Auge. Das Foto ist zu weit am oberen rechten Rand platziert. Die verschiedenen Schrifttypen passen nicht zusammen und sind für die jeweiligen Überschriften ungünstig gewählt. Der gesamte Lebenslauf bedarf einer vollkommenen Überarbeitung.

Das folgende **Anlagenverzeichnis** ist zwar gut gegliedert, muss aber ebenfalls wegen der unglücklich gewählten Schrifttypen überarbeitet werden.

2., überarbeitete Version

Mit einem verbesserten Briefkopf und einer aussagekräftigeren Überschrift wendet sich der Bewerber direkt an den verantwortlichen Ansprechpartner, mit dem er vorab telefoniert hat. Obwohl der **Anschreiben**text nur geringfügig geändert wurde, ist er trotz der Länge jetzt akzeptabel. Die Aufzählung der Anlagen und das »den« vor dem Datum wurden weggelassen. Auch die Wahl der Schrift ist viel besser.

Nach einem schlichten, grafisch gut gestalteten **Deckblatt** folgt überraschend eine Seite mit dem Titel »Zunächst zu meiner Person«. Unterstützt durch das **Foto** (das größere Format wirkt viel besser!) werden Daten und Einblicke in den Ausbildungs- und Vorstellungshintergrund des Bewerbers gegeben. Eine wirklich schön gestaltete Einleitung, die bestimmt positive Aufmerksamkeit erzielt.

Der überarbeitete **Lebenslauf** ist durch eine andere Abfolge der Themenblöcke und der zeitlichen Daten dramaturgisch geschickter aufgebaut und setzt den Kandidaten dadurch inhaltlich informativ ins rechte Licht. Ebenso wurde eine andere grafische Darstellung gewählt. Die Überschriften sind durch eine den gesamten Satzspiegel einnehmende Unterstreichung hervorgehoben, und jede Seite enthält eine Kopfzeile mit dem Titel »Bewerbung als ...« sowie eine Fußzeile mit Namen und Adresse des Kandidaten. Der Leser erfährt also auf jeder Seite, mit wem er es zu tun hat. Die Schriftarten wurden auf zwei reduziert, die gut zueinander passen und die von ihrer Funktion und Wirkung auch gut eingesetzt sind. Insgesamt hat diese Präsentation im Sinne einer leichteren Lesbarkeit deutlich dazugewonnen. Einziger Kritikpunkt: Durch die vielen Themenblöcke auf der letzten Seite gibt es etwas zu viele Linien. Aber das ist vielleicht Geschmackssache.

Beim **Anlagenverzeichnis** wurden im Wesentlichen nur die Schrifttypen sowie die Kopf- und Fußzeile hinzugefügt. Die verliehene Auszeichnung ist kurz erklärt. Sehr geschickt, ein (Info-)Gewinn.

Einschätzung
Durch die erhebliche Verbesserung verdient diese Bewerbung jetzt sicherlich die Note »gut«.

Dr. Andreas Anders
Diplom-Kaufmann
Brehmer Allee 134 b
40472 Düsseldorf
Tel. 0211 3528762

Dr. Anders • Brehmer Allee 134 b • 40472 Düsseldorf

Löwenreuth AG
Direktion
Frau Dr. Baseler
Rosenthaler Platz 1
85002 Nürnberg

31.05.2005

Unser Telefonat am heutigen Tage

Sehr geehrte Frau Dr. Baseler,

vielen Dank für das ausführliche Gespräch.
Hier, wie verabredet, meine Unterlagen.

Ich beabsichtige, mich zum Jahresende beruflich neu zu orientieren, und würde sehr gerne für Ihr Unternehmen von Deutschland aus neue Vertriebsstrukturen im Bereich Sanitärkeramik entwickeln.

Meine jetzige Position bindet mich voraussichtlich bis zum 30.11.2005, sodass ich Ihren Wünschen gemäß vor dem Jahreswechsel die neu geschaffene Position in Ihrem Export-Headquarter in Nürnberg einnehmen kann.

Von Ihnen bald zu hören, würde mich sehr freuen;
bis dahin verbleibe ich

mit freundlichen Grüßen

Andreas Anders

Anlagen

 → *Kommentar Seite 85*

Dr. Andreas Anders
Diplom-Kaufmann
Brehmer Allee 134 b
40472 Düsseldorf
Tel. 0211 3528762

BEWERBUNGSUNTERLAGEN FÜR | LÖWENREUTH AG

Dr. Andreas Anders
Diplom-Kaufmann
Brehmer Allee 134 b
40472 Düsseldorf
Tel. 0211 3528762

03.08.1961	**Geburtsdatum**
Zürich	**Geburtsort**
verheiratet zwei Kinder ortsungebunden	**Familienstand**
Schweizer	**Nationalität**
Export Sales Director	**Position**
Sanitärkeramik	**Produkt**
Gres und *Geberit*	**Marken**

Dr. Andreas Anders
Diplom-Kaufmann
Brehmer Allee 134 b
40472 Düsseldorf
Tel. 0211 3528762

CURRICULUM VITAE

Berufspraxis

Sinmag S.R.L.
Mailand

Leitung des Gesamtexportes von Sanitärkeramik für die Markenprodukte *Gres* sowie *Geberit* in die Exportländer der Europäischen Union	seit 04.2002
Prokura	seit 01.1999
Exportleitung *Gres* für Ostblockstaaten Polen, GUS-Staaten, Rumänien, Ungarn	05.1997 – 12.1998
Exportsachbearbeitung *Gres* für Deutschland	04.1994 – 04.1997

La Turrita Ceramiche S.P.A.
Verona

Assistent der Exportleitung für Deutschland	08.1990 – 03.1994

Wand und Boden A.G.
Wien

Exportsachbearbeiter	04.1988 – 07.1990

Villeroy & Boch
Frankfurt a. M.

Trainee	01.1987 – 03.1988

Dr. Andreas Anders
Diplom-Kaufmann
Brehmer Allee 134 b
40472 Düsseldorf
Tel. 0211 3528762

CURRICULUM VITAE

Ausbildung

Goethe Universität
Frankfurt a. M.

Promotion 06.08.1987

Studienschwerpunkt Außenhandelswirtschaft
Diplom in Betriebswirtschaft 31.10.1985
Gesamtnote: sehr gut

Eidgenössische Handelsakademie
Zürich

Betriebswirtschaftliches Vordiplom 15.09.1983

Wilhelm Tell Gymnasium
Zürich

Abitur 10.06.1980

 → *Kommentar Seite 85*

Dr. Andreas Anders
Diplom-Kaufmann
Brehmer Allee 134 b
40472 Düsseldorf
Tel. 0211 3528762

ZUSATZQUALIFIKATIONEN

Französisch, Italienisch, Englisch, Russisch	**Fremdsprachen**
MS-Office Professional, KHK PC-Kaufmann Unix, HTML	**EDV-Kenntnisse**
Klasse III	**Führerschein**
	Int. Marketing Ass. London
International Marketing Program Studies	10.2004
	Management Academy London
Rentabilitätsrechnung und Investitionscontrolling	08.2002
Investitionsgüter und Systemmarketing	10.2001
Arbeitstechnik, Führungsverhalten, Konfliktmanagement	06.2000
Rhetorik und Präsentation	01.1999
	Sprachkurse
Conversation-Business-English I und II Cambridge	05.2003, 07.2004
Russisch für Export-Trading St. Petersburg	04.2002
Düsseldorf	31.05.2005

Andreas Anders

 → *Kommentar Seite 85*

Dr. Andreas Anders
Diplom-Kaufmann
Brehmer Allee 134 b
40472 Düsseldorf
Tel. 0211 3528762

ANLAGENVERZEICHNIS

Zwischenzeugnis Sinmag S.R.L.

Arbeitszeugnis/Empfehlungsbrief
La Turrita Ceramiche S.P.A.

Arbeitszeugnis Wand und Boden A.G.

Arbeitszeugnis Villeroy & Boch

Promotionsurkunde

Diplom

Fortbildungsnachweise

 ➔ *Kommentar Seite 85*

Zu den Unterlagen von Dr. Andreas Anders

Wie wirkt diese Bewerbungsmappe auf Sie?

Hier ist wohl kaum ein Kommentar notwendig, diese schön gestalteten Seiten sprechen für sich. Der Kandidat präsentiert sich mit wirklich außergewöhnlich ästhetischen Bewerbungsunterlagen, wobei allen Bausteinen das gleiche Design zu Grunde liegt.

Bereits das **Anschreiben** zeigt, wie lohnend das Ergebnis sein kann, wenn man es wagt, die konventionellen Formen der Briefgestaltung zu verlassen.

Der Anschreibentext knüpft an ein Telefonat an. Der Text ist absolut knapp gehalten und beispielhaft für den komprimierten, aber sehr ansprechenden Stil der gesamten Bewerbungsmappe.

Ein fast minimalistisches, aber nicht weniger ästhetisches **Deckblatt** eröffnet den Reigen der Bewerbungsmappenunterlagen. Auf der ersten Seite präsentiert der Bewerber seine Sozialdaten und fügt Informationen über seine aktuelle Position hinzu. Die von uns sonst eher für überflüssig gehaltene explizite Anführung der Rubriken Geburtsdatum/Geburtsort/Familienstand etc. wirkt hier in der Umkehrung der üblichen Reihenfolge als besonderes Stilmittel, das wie die gesamte Mappe auf einen sehr motivierten Bewerber mit ausgesprochen hohen Qualitätsansprüchen rückschließen lässt.

Auf den folgenden zwei Seiten werden **Lebenslauf**, Berufspraxis und Ausbildung in einer neuen, beeindruckenden Weise präsentiert. Eine Extraseite gibt Auskunft über die Zusatzqualifikationen und behandelt auch das Weiterbildungsengagement.

Das **Anlagenverzeichnis** bestätigt die Gesamtwirkung.

Ein außergewöhnliches **Foto** (Handhaltung), sicherlich eine Frage des persönlichen Geschmacks. Die hier vorgestellte Alternative ist durch Ausschnitt und Format mehr oder weniger klassisch und konventionell.

Alternativbild** zu den Bewerbungsunterlagen von Dr. Andreas Anders. Vergleichen Sie dazu das **Bewerbungsfoto** auf* ***→ Seite 80.

Einschätzung

Ein richtiges kleines Bewerbungskunstwerk. Wirklich exzellent, vielleicht das beste Beispiel in diesem Buch.

• Volker Vossberg
Pleichertorstr. 56 • 97070 Würzburg • Tel. 0931 5417839 • Fax 0931 5417836 • vossberg@aol.com

Gothaer Versicherungen
Niederlassung Würzburg
Herrn Ahrens
Lengfelder Str. 87
97078 Würzburg

Würzburg, 15. Juni 2005

Initiativbewerbung als Versicherungsfachwirt

Sehr geehrter Herr Ahrens,

in der Fachpresse las ich letzte Woche, dass sich die Gothaer Versicherungen mit den Berlin-Kölnischen Versicherungen zusammengeschlossen haben und nun den Parion Konzern bilden. Als Verbund von Versicherungsvereinen ist Parion mit 4 Mrd. EUR Beitragseinnahmen eine der größten Versicherungsgruppen in Deutschland. In dem Artikel wurde als Ihre Stärke Ihre Kundenorientierung durch Service und Qualität betont.

In dieser Stärke sehe ich eine wichtige Gemeinsamkeit zwischen Ihrem Konzern und meiner Arbeitsweise, denn Dienst am Kunden in Sachen Qualität und Service zeichnet mich aus und ist mir oberstes Gebot. Daher ist mir die Mitarbeit in Ihrem Unternehmen ein besonderes Ziel.

Nach meiner Ausbildung zum Versicherungskaufmann habe ich in unterschiedlichen Unternehmen der Versicherungsbranche gearbeitet und in den Jahren 1998 bis 2001 ein berufsbegleitendes Studium zum Versicherungsfachwirt absolviert.

Im Rahmen meiner Berufspraxis konnte ich Erfahrungen auf den folgenden Gebieten sammeln:

- Sachbearbeitung Personenversicherung (Krankheit, Leben, Unfall)
- Sachbearbeitung Privatkundenabteilung (Hausrat, Unfall, Gebäude, Kfz)
- Firmenkundenbetreuung eines privaten Versicherungsmaklers (Industrie, Privat).

Dabei reichte mein Aufgabenspektrum von der Beratung über die Antragsbearbeitung und Risikoprüfung bis zur Leistungsabrechnung.

Diesen fundierten Erfahrungsschatz, verbunden mit großem persönlichen Engagement, möchte ich sehr gern in Ihrem Unternehmen einbringen und freue mich auf eine Einladung zu einem persönlichen Gespräch.

Mit freundlichen Grüßen

Volker Vossberg

Anlagen

 → *Kommentar Seite 92*

Volker Vossberg
Pleichertorstr. 56
97070 Würzburg
Tel. 0931 5417839
Fax 0931 5417836
vossberg@aol.com

Bewerbung als
Versicherungsfachwirt

• Volker Vossberg

Pleichertorstr. 56 • 97070 Würzburg • Tel. 0931 5417839 • Fax 0931 5417836 • vossberg@aol.com

Zunächst zu meiner Person

Volker Vossberg
geboren am 31.03.1962 in Weimar
ledig, ortsungebunden

Ich biete Ihnen ...

langjährige Erfahrung im Innendienst, besonders in der Kundenbetreuung

fundierte fachliche Betreuung von Firmenkunden und privaten Kunden

breit gefächerte Erfahrung in den unterschiedlichsten Versicherungssparten

gute Kenntnis der fachbezogenen Rechtsvorschriften

selbstständige, eigenverantwortliche und kundenorientierte Arbeitsweise

sichere Handhabung von moderner Bürokommunikationstechnik und Textverarbeitung

hohe Leistungsbereitschaft und Motivation

 ➔ *Kommentar Seite 92*

• **Volker Vossberg**
Pleichertorstr. 56 • 97070 Würzburg • Tel. 0931 5417839 • Fax 0931 5417836 • vossberg@aol.com

LEBENSLAUF

Beruflicher Werdegang

seit 1/2002	*Versicherungsdienst Schröder GmbH, Würzburg* Firmenkundenbetreuer eines privaten Versicherungs-maklers fachliche Betreuung der Kunden aus dem Verwaltungs- und Dienstleistungs- sowie Transport- und Baubereich auf dem Gebiet von Industrie- und Privatversicherungen und bei Entsorgungsrisiken
8/1996–12/2001	*Alte Leipziger, Regionaldirektion Berlin* Sachbearbeiter für die Privatkundenabteilung Antragsbearbeitung für die Sparten Hausrat-, Unfall-, Gebäude- und Kraftfahrtversicherung
6/1992–7/1996	*Mannheimer Versicherungen, Niederlassung Berlin* Sachbearbeiter in der Sparte Personenversicherung (Krankheit, Leben, Unfall) in der Verwaltungsdirektion Antragsbearbeitung inklusive Risikoprüfung bis hin zur Leistungsabrechnung
1989–5/1992	Abteilungsleiter Materialwirtschaft beim Rat der Stadt Leipzig
1987–1989	Gruppenleiter Metallurgie beim Apparate- und Chemieanlagenbau Leipzig
1980–1981	Versicherungsinspektor bei der Staatlichen Versicherung

• Volker Vossberg
Pleichertorstr. 56 • 97070 Würzburg • Tel. 0931 5417839 • Fax 0931 5417836 • vossberg@aol.com

Studium

1998–2001	Studium zum Versicherungsfachwirt beim Institut für Berufsfachbildung der Versicherungswirtschaft in Berlin e.V. Abschluss bei der IHK Berlin
1982–1987	Studium der Finanzwirtschaft, Spezialisierung Versicherungen an der Fachschule für Finanzwirtschaft Leipzig Abschluss: Ökonom

Berufsausbildung

1981–1982	Grundwehrdienst
1978–1980	Ausbildung zum Versicherungskaufmann bei der Staatlichen Versicherung, Kreisdirektion Weimar

Schulausbildung

1968–1978	Grundschule und Oberschule in Weimar

Sonstige Kenntnisse

EDV	Word für Windows, Excel für Windows, Works für Windows
Sprachen	Russisch, Polnisch
Führerschein	Klassen C und B

➔ *Kommentar Seite 92*

• Volker Vossberg

Pleichertorstr. 56 • 97070 Würzburg • Tel. 0931 5417839 • Fax 0931 5417836 • vossberg@aol.com

Hobbys

Dokumentarfilme, Gartenbauarchitektur, Volleyball

Engagement

aktives Mitglied bei der Freiwilligen Feuerwehr Würzburg

Würzburg, 15. Juni 2005

 → *Kommentar Seite 92*

Zu den Unterlagen von Volker Vossberg

Diese Initiativbewerbung beginnt mit einem sehr langen **Anschreiben**. Als Erstes fällt hier der außergewöhnliche Briefkopf auf. Ohne ein vorheriges Telefonat kann der Kandidat den Personalverantwortlichen benennen. Dann leitet er das Anschreiben mit einem sehr langen Absatz über das Unternehmen ein und beweist so, dass er sich gut über die Versicherungsfirma informiert hat. Über die Länge aber darf diskutiert werden.

Im zweiten Abschnitt stellt der Bewerber mit einem guten Übergang sehr selbstbewusst seine Motivation für eine Mitarbeit im Unternehmen heraus. Nach einer persönlichen Vorstellung, in der kurz und knapp sein beruflicher Werdegang beschrieben wird, führt der Kandidat in übersichtlicher Form seine wichtigsten Erfahrungen und Einsatzbereiche auf. Am Schluss wird noch einmal die besondere Motivation betont, genau für diese Firma arbeiten zu wollen. Dieses optimale Briefende spricht für den selbstbewussten, engagierten Bewerber.

Das **Deckblatt** sticht durch den grau schattierten Kasten sehr hervor, enthält nur Name und Anschrift des Kandidaten sowie die Zeilen »Bewerbung als Versicherungsfachwirt«. Die grafische Darstellung ist sicherlich Geschmackssache, aber auf jeden Fall ein »Hingucker«.

Auf der nun folgenden **ersten Seite** wird die interessante Kopfzeile des Anschreibens wieder aufgegriffen. Unter der Überschrift »Zunächst zu meiner Person« werden dem Leser die persönlichen Daten und das Foto präsentiert. Eingeleitet durch die Worte »Ich biete Ihnen ...« erfahren wir in übersichtlicher Form, wodurch sich der Kandidat besonders auszeichnet. Ein gelungenes Marketing in eigener Sache.

Erst danach folgt der dreiseitige **Lebenslauf**. Dem Prinzip der Corporate Identity folgend, beginnt jede dieser Seiten mit der außergewöhnlichen Kopfzeile. Eine gute Idee! Der Lebenslauf hebt die Überschriften durch rechtsbündige Unterstreichungen hervor und ist sehr gut lesbar. Als Erstes wird der berufliche Werdegang präsentiert. Dieser enthält zu den einzelnen Berufsstationen auch nähere Aufgabenbeschreibungen, sodass sich der Leser ein genaues Bild von den verschiedenen Tätigkeitsbereichen des Kandidaten machen kann. Danach folgen die restlichen Themenblöcke Studium, Berufs- und Schulausbildung, sonstige Kenntnisse sowie Hobbys und Engagement. Sicherlich interessant sind die Hobbys, die bestimmt beim Vorstellungsgespräch angesprochen werden. Nicht ganz unbedenklich ist die Erwähnung der aktiven Mitgliedschaft bei der Freiwilligen Feuerwehr Würzburg, denn solch ein Engagement könnte zu Arbeitsausfällen führen.

Das ausgewählte **Foto** hat ein interessantes Format, wirkt aber wahrscheinlich weniger sympathiemobilisierend als die unten gezeigte Alternative.

Alternativbild** zu den Bewerbungsunterlagen von Volker Vossberg. Vergleichen Sie dazu das **Bewerbungsfoto** auf **→ Seite 88.

Einschätzung
Diese Initiativbewerbung zeigt einen engagierten, selbstbewussten Kandidaten, der sich durch eine innovative Darstellungsform hervortut. Note »gut« nach dem Foto-Wechsel.

Ludwig Löffler

Diplom-Betriebswirt
Martin-Luther-Str. 28
33729 Bielefeld
Tel. 0521 2348946
Handy: 0161 98765432

Herrn P. Feddersen
Financial Management & Consulting
Nürnberger Str. 28
10789 Berlin

Bielefeld, 24.08.2005

Bewerbung als Trainee Marketing/Vertrieb

Sehr geehrter Herr Feddersen,

vielen Dank für das informative Telefonat am heutigen Vormittag.
Wie besprochen sende ich Ihnen meine vollständigen Bewerbungsunterlagen.

Ich bin Diplom-Betriebswirt (Studium in Dortmund), 31 Jahre alt, ursprünglich Versicherungskaufmann und schaue mich zurzeit als Hospitant in einem der führenden Unternehmen (geschätzter Umsatz 2005 ca. 50 Mio.) im Segment des Financial Consulting privater Investoren um. Dieses Gebiet finde ich außerordentlich reizvoll, verlangt es doch höchste Konzentration, Sachkenntnis und Mut zur Entscheidung.

Der Schwerpunkt meiner Begabung und meines Interesses liegt in der effektiven und objektiven Beratung sowie in der Neukundenakquisition.

Ich bin Berufseinsteiger, möchte aus persönlichen Gründen mein Wirkungsfeld nach Berlin verlagern und bin sehr interessiert, Ihr Unternehmen und das für mich wirklich attraktive Aufgabengebiet Verkauf und Marketing kennen zu lernen.

Auf eine persönliche Begegnung mit Ihnen freue ich mich.

Mit freundlichen Grüßen aus Bielefeld

Ludwig Löffler

Anlage: Bewerbungsmappe

Bewerbung als Trainee Marketing/Vertrieb

Financial Management & Consulting

Ludwig Löffler
Diplom-Betriebswirt
Martin-Luther-Str. 28
33729 Bielefeld
Tel. 0521 2348946
Handy: 0161 98765432

 → *Kommentar Seite 100*

Gewinn ist so notwendig wie die Luft zum Atmen,
aber es wäre schlimm, wenn wir nur wirtschaften würden,
um Gewinne zu machen,
wie es schlimm wäre, wenn wir nur leben würden,
um zu atmen.

HERMANN JOSEF ABS

Zur Person:

Ludwig Löffler, geboren am 07.06.1974 in München
Diplom-Betriebswirt, ortsunabhängig, unverheiratet

Zum Ziel:

Berufseinstieg: Vertrieb Financial Consulting

Praktikum und berufliche Erfahrungen

studienbegleitend	Werkstudent bei BMW, Schindler und Siemens Projektarbeit an der Universität: ◆ Vermarktungskonzeption der Festspiele in Neuwied ◆ Finanzierungsplanung und Verkaufsstrategie von Objekten der Hochfinanz vor dem Hintergrund instabiler politischer Verhältnisse
11/01–04/02	Praktikum bei der Finanz- und Wirtschaftsberatung Artfinanz, München ◆ Projektmitarbeit: 'Finanzunternehmen im Internet'
04/03–05/03	Seminare bei der Unternehmensberatung Bert Brecht, Berlin Schwerpunkte: ◆ Controlling ◆ Produkt-Marketing und -Werbung ◆ strategische Unternehmensführung
10/03	Ausbildereignungsprüfung der IHK
Seit 01/05	Hospitation bei Search International Ltd. Ex- und Import Schwerpunkte: ◆ Akquise und Beratung ◆ „After-Sales-Aktivitäten“
10/04	Seminar bei der IHK: „Am Telefon erfolgreich verkaufen“

Studium

10/98–09/04	Betriebswirtschaftslehre an der TU München Studienschwerpunkte: ◆ Industrie- und Dienstleistungsmarketing ◆ betriebliches Rechnungswesen ◆ Marktkommunikation ◆ Medienwirtschaft ◆ Technologietransfer Diplomarbeit: ◆ Basisanalyse mittelständischer Unternehmen zur Handelsausweitung
22.09.04	Erfolgreicher Abschluss und Verleihung des akademischen Grades Diplom-Betriebswirt, Gesamtnote „gut“

 ➔ *Kommentar Seite 100*

Schulischer und beruflicher Werdegang

08/81–06/85	Grundschule in Wendlingen
07/85–07/92	Maximilian-Gymnasium, München
09/92–09/95	Ausbildung zum Sozialversicherungskaufmann bei der Barmer Ersatzkasse in München ◆ Schwerpunkt allgemeine und spezielle Versicherungspläne sowie das Erstellen von Gutachten
10/95–10/96	Grundwehrdienst beim mobilen Ausbildungskommando der Bundeswehr zur See in Kiel
01/97–08/98	Berufskolleg München: Erwerb der kaufmännischen Fachhochschulreife ◆ Auszeichnung mit Belobigung

Zusatzqualifikationen

Sprachkenntnisse	Englisch in Wort und Schrift (fließend) Französisch (gute Kenntnisse)
EDV-Kenntnisse	Windows 2000/XP, MS-Word, MS-Exel, MS-Works, Powerpoint

Hobbys

Reisen im asiatischen Raum
asiatische Kochkunst
Fotografie

Bielefeld, 24.08.2005

Was Sie sonst noch über mich wissen sollten ...

Meine Handlungsweise ist geprägt vom Streben nach optimaler Dienstleistung und größtmöglicher Zufriedenheit des Kunden.

Schon in der Ausbildung zum Kaufmann wurde mein Denken von betriebswirtschaftlichen Zusammenhängen bestimmt. Komplexe Situationen schnell zu erfassen und analytisch auszuwerten, um auf dieser Basis nach neuen und effektiveren Lösungen zu suchen, ist dabei meine Arbeitsweise, um optimale Kosten-Nutzen-Ergebnisse zu erzielen.

Als Student wurde ich wegen meiner guten und vorausschauenden Planung bei der Organisation von interdisziplinären Projekten geschätzt. Mein Einfühlungsvermögen und Verhandlungsgeschick waren mir dabei stets hilfreich.

Im Rahmen meines Praktikums bei der Finanz- und Wirtschaftsberatung Artfinanz, München, habe ich verschiedene Marketingstudien und Betriebskonzepte erstellt, die zu einer bedeutsamen Umstellung der Firmenstrategie führten.

Bereits damals habe ich unternehmerisches Denken und verantwortungsbewusstes Handeln zeigen können, eine für mich unabdingbare Arbeitsbasis für herausragende Leistung.

Bielefeld, 24.08.2005

 → *Kommentar Seite 100*

Anlagen / Inhaltliche Gliederung

Studium	**Diplomzeugnis** **Urkunde** „Diplom-Betriebswirt“ **Werksbescheinigungen:** BMW Schindler Siemens **Studienprojekte:** ◆ Vermarktungskonzeption ◆ Finanzierungsplanung und Verkaufsstrategie
Berufliche Erfahrungen	**Hospitation:** Search International Ltd. **Praktikum**: Finanz- und Wirtschaftsberatung Artfinanz, München **Teilnahmebescheinigungen:** IHK-Seminar: ◆ Am Telefon erfolgreich verkaufen Unternehmensberatung Bert Brecht, Berlin: ◆ Controlling ◆ Produkt-Marketing ◆ Werbung
Ausbildungszeugnisse	Sozialversicherungskaufmann Grundwehrdienstzeugnis Ausbildereignungsprüfung IHK
Schulzeugnis	Berufskolleg/München: Allgemeine Hochschulreife

Zu den Unterlagen von Ludwig Löffler

Insgesamt ein angenehm kurzes **Anschreiben**. Der Kandidat versteht es, seine Botschaft schnell und souverän auf den Punkt zu bringen. Hier wurde vorab telefoniert, die Unterlagen sind also angekündigt. Auffällig ist die Schreibweise des Unternehmens. Hier hat der Bewerber die grafische Darstellung des Firmenlogos übernommen. Wie beim Beispiel von Katharina Kaiser wurde bei den Grüßen der Ort mit integriert.

Die Gestaltung des **Deckblatts** ist sehr schlicht. Bemerkenswert das erneute Aufgreifen des Firmenlogos. Eine schöne Idee!

Die folgende sehr großzügig gestaltete **erste Seite** beginnt mit einem Zitat und dem Foto des Bewerbers. Weiter unten werden die persönlichen Daten angegeben und das Berufsziel noch einmal betont. Eine wirklich interessante erste Seite mit viel Mut zur freien, weißen Fläche. Scheuen auch Sie sich nicht davor, es lockert die gesamte Gestaltung auf und schafft »Hingucker«.

Ohne Überschrift wird danach auf zwei Seiten der **Lebenslauf** präsentiert. Der geschickt aufbereitete Werdegang bietet dem Personalentscheider auf Anhieb die gesuchten Keywords. Die Überschriften der Themenblöcke werden durch die interessante grafische Gestaltung noch hervorgehoben. Erst auf der zweiten Seite lernen wir die heute weniger interessante schulische und berufliche Grundausbildung in aller gebotenen Ausführlichkeit kennen. Den Wehrdienst als Bestandteil des beruflichen Werdegangs zu »verpacken«, darf diskutiert werden! Ansonsten: Bravo, gut gemacht! Die Hobbys machen neugierig auf den Kandidaten.

Die **Dritte Seite** ist ausdrucksstark formuliert, den anderen Seiten grafisch angepasst und vermittelt den Eindruck eines handlungsaktiven und selbstbewussten Bewerbers. Die Unterschrift und das Datum an dieser Stelle unterstreichen den Eindruck.

Die **Inhaltsübersicht** zu den weiteren Anlagen präsentiert geschickt die beruflichen Leistungen.

Das **Foto** hat ein ineressantes Format. Die Fliege ist außergewöhnlich, birgt aber auch Gefahren. Für einen Vertriebstrainee-Kandidat wirkt sie etwas übertrieben.

Einschätzung
Eine kreative Trainee-Bewerbung mit ausdrucksstarker Botschaft. Note: »gut«. Trotzdem empfehlen wir, ein anderes Foto mit angemessener Kleidung zu verwenden.

Bei den nun folgenden Initiativbewerbungs-Beispielen handelt es sich jeweils um eine Art Kurzbewerbung, die ersten beiden in Form einer minimalistischen Mappe. Sie sind, versehen mit oder ohne Anschreiben, leicht und kostengünstig zu versenden.

Zugeklappt

Sehr geehrter Herr Meyer,

Ich

stelle mich …

Einmal aufgeklappt

... Ihnen heute vor.

Vielleicht werde ich ja
Ihr neuer Auszubildender zum
Reiseverkehrskaufmann?

Meine wichtigsten Daten?
Interessen?
Stärken?

Blättern Sie um!

→ Kommentar Seite 107

… Ihnen heute vor.

Vielleicht werde ich ja

Ihr neuer Auszubildender zum

Reiseverkehrskaufmann?

Frank Frühauf

Marienfeld 23
26605 Aurich
☎ 04941 29098

Persönliche Daten

Geboren:	am 3. August 1989 in Aurich
Eltern:	Fred Frühauf, Friseur Anja Frühauf, geb. Tete, Buchhändlerin

Schulbildung

Grundschule:	1996 bis 2000
Realschule:	seit 2000
Abschluss:	Sommer 2006
Sprachen:	Englisch, Italienisch, Französisch

Außerschulische Interessen

Kenntnisse:	PC und Internet
Hobbys:	Verreisen, Tai Chi

Lange habe ich darüber nachgedacht, welcher Beruf wohl zu mir passt. Seit einem Praktikum vor einem Jahr bin ich mir ganz sicher: Reiseverkehrskaufmann – das wär's.

Mit meinen Eltern bin ich viel verreist, habe also schon ein bisschen was „von der Welt" gesehen. Außerdem bin ich sehr neugierig auf fremde Länder und Kulturen. Mir macht es Spaß, für die Kunden ein passendes Reiseziel zu finden. Ich spreche sehr gut Englisch und auch Französisch. Italienisch lerne ich an der Volkshochschule (3. Kurs).

Das sind doch sehr gute Voraussetzungen für einen angehenden Reiseverkehrskaufmann, oder finden Sie nicht?

Rufen Sie mich an. Ich sende Ihnen auch gern weitere Unterlagen zu.

Mit freundlichen Grüßen

Frank Frühauf

 → Kommentar Seite 107

Zugeklappt

Sehr geehrte Frau Winkelmann,

**hätten Sie ein paar
Minuten Zeit für mich?
Ich möchte mich Ihnen
gern vorstellen.**

 → *Kommentar Seite 108*

Mein Ziel ...

... ist es, bei Ihnen als Marketingreferentin zu arbeiten. Mein Wissen, Engagement und meine Erfahrungen möchte ich sehr gern in den Dienst der Deutschen Bahn stellen ...

Berlin, 5. Januar 2006

... und deshalb bewerbe ich mich heute bei Ihnen.

Brigitte Bertram
Wirtschafts- und Politikwissenschaftlerin
Gotthelfstr. 19
12051 Berlin
Tel. 030 566782

Möchten Sie mehr über mich wissen?
Dann blättern Sie doch einfach um ...

Komplett aufgeklappt

Mein Ziel …

… ist es, bei Ihnen als Marketingreferentin zu arbeiten. Mein Wissen, Engagement und meine Erfahrungen möchte ich sehr gern in den Dienst der Deutschen Bahn stellen …

Berlin, 5. Januar 2006

Brigitte Bertram

Meine wichtigsten Daten …

geboren am 11.11.1979 in Kassel
ledig, ortsungebunden
Diplom in BWL und Politologie

Honorartätigkeit:
Werbeagentur Vip & Partner, Berlin seit 9/03

Praktika:
u. a. in den Bereichen Marketing, Incentives, Betriebsorganisation, Marktanalysen (Olympus, Hoechst, Reemtsma)

Studienschwerpunkte:
Wirtschaftswissenschaften: Marktforschung, Marketingmanagement u. -instrumente; Politologie: u. a. Organisationssoziologie, neue Managementkonzepte, Meinungsmanagement

Weiterbildung:
Teilnahme an diversen Fachveranstaltungen

Sprachkenntnisse:
Französisch, Spanisch, Englisch

Meine Pluspunkte …

+ entscheidungsstark
+ selbstkritisch
+ unternehmerisches Denken
+ kundenorientiertes Handeln
+ zukunftsorientiert mit Augenmaß für das Machbare
+ überzeugende fachliche Voraussetzungen
+ starke Lernbereitschaft

und nicht zu vergessen:

+ großer Spaß an der Arbeit!

 → *Kommentar Seite 108*

Zwei Flyer als Kurzbewerbung

Auf den vorangegangenen Seiten haben wir Ihnen zwei Kurzbewerbungen vorgestellt, die als so genannte Flyer daherkommen und hier in etwas verkleinerter Form wiedergegeben werden. Im Original füllen diese Flyer ein komplettes DIN-A4-Blatt, vorder- und rückseitig bedruckt. Was das Format anbetrifft, ist man allerdings relativ frei, wenn man über ein gutes Schneidegerät verfügt. Mit Ihrem PC und einem üblichen Textverarbeitungsprogramm lässt sich so ein Flyer oder Folder problemlos herstellen. Klicken Sie z. B. bei *Word* in der Menüleiste auf Datei, dann auf Seite einrichten, Papierformat und zuletzt auf Querformat. Richten Sie sich drei Spalten ein oder legen Sie sich eine dreispaltige Tabelle als Grundlage an, und schon kann's losgehen.

Der Flyer wird von beiden Seiten bedruckt, indem Sie z. B. erst den Außenteil ausdrucken, das Papier umdrehen und dann die inneren Textabschnitte drucken lassen. Bei unseren Beispielen bleibt die Seite frei, die im zusammengeklappten Zustand den »Rücken« bildet, was aber nicht unbedingt so sein muss und Ihrer Gestaltung überlassen bleibt.

Überhaupt: Die grafischen Darstellungsmöglichkeiten sind vielfältig. Größtes Problem bei dieser Art von Mini-Faltprospekt in eigener Sache ist die Notwendigkeit, mit wenig Text auszukommen. Wer sich dieser Herausforderung stellt und das Problem gut löst, hat wirklich die Essentials seines Angebots herausgearbeitet (hoffentlich!).

Mit einem kurzen Begleitschreiben in Richtung »Sie halten jetzt wahrscheinlich die leichteste Bewerbungsmappe der Welt in der Hand ...« kann man sogar hartgesottene Personalchefs immer noch überraschen. Trotzdem sollte diese im Posttarif äußerst günstige Variante nicht dazu verleiten, kopflos Hunderte von Flyern zu verschicken. Nicht die Quantität zählt schließlich, sondern die Qualität.

Diese Form der schriftlichen Kontaktaufnahme stellt eine Alternative dar, mit der Sie Aufmerksamkeit, Interesse und Neugier an Ihrer Person wecken können. PC-Spezialisten sind in der Lage, sogar ihr Foto einzuscannen, andere arbeiten mit einem Laserkopierer, um das Foto an der richtigen Stelle zu platzieren. Es geht natürlich auch mit einem Originalfoto, das aufgeklebt wird.

Ein Flyer ist auch immer eine besondere Art der Visitenkarte, wenn es z. B. um Erstkontakte auf Messen geht oder sonstige Zusammenkünfte mit potenziellen Arbeitsplatzanbietern. Schnell bei der Hand und bequem verfügbar, ermöglicht Ihnen der Flyer, Ihre Werbebotschaft auf ansprechende und kompakte Weise zu überreichen.

Frank Frühauf

Das erste Beispiel beginnt mit einer sehr schlichten Titelseite. Der Kandidat hat vorn gleich sein Foto positioniert, was zunächst sicher eine größere Zugkraft hat als einleitende Worte. Sie wissen ja: Bild schlägt Text. Originell auch die Formulierung »Ich stelle mich ...«, die der Bewerber auf der nächsten Seite wieder aufgreift mit »... Ihnen heute vor«. Sehr selbstbewusst folgt dann die Frage »Vielleicht werde ich ja Ihr neuer Auszubildender zum Reiseverkehrskaufmann?« (evtl. auch ohne das Fragezeichen ...)

Die nächste Seite, zwar schlicht und dennoch grafisch sehr ansprechend gestaltet, leitet über zum Lebenslauf. Hier erfährt der Leser neben Adresse und persönlichen Daten in sehr komprimierter Form das Wichtigste über die Schulbildung und außerschulische Interessen.

Recht selbstbewusst und passend zu der aus dem Rahmen fallenden Form dieser Bewerbung ist der Text über die Motivation, aus der heraus der Kandidat Reiseverkehrskaufmann werden möchte. Auch im letzten Satz bleibt er sich treu: Statt des üblichen »... ich freue mich, wenn ich ...« auf die Gesprächseinladung hinzuweisen, schlägt er kurz und knapp vor: »Rufen Sie mich an.« Wichtig: der Hinweis, dass weitere Unterlagen folgen können. Vielleicht ist der Adressat neugierig geworden, möchte aber noch mehr wissen, bevor er den Bewerber persönlich einlädt.

Zum Foto: Die Wahl des Querformates und der deutliche Anschnitt machen den auf den ersten Blick nicht unbedingt sympathiemobilisierend wirkenden Kandidaten erst interessant. Das passt gut zu der Wahl des Flyers.

Einschätzung
Eine gelungene, schlichte und selbstbewusste Form der eigenen Darstellung, der wir die Note »gut« geben.

Brigitte Bertram

Das zweite Beispiel beginnt ebenfalls mit einer sehr einfachen ersten Seite, auf der die Kandidatin die Adressatin namentlich benennt, ihr direkt eine Frage stellt und den Wunsch äußert, sich vorstellen zu wollen.

Auf der nächsten Seite nennt die Bewerberin ihr Ziel, das sie in einem Satz kurz ausformuliert. Ihr Anliegen wird durch die schattierte Überschriftenleiste zusätzlich hervorgehoben. Eine schöne Idee!

Zu Beginn der Dritten Seite wird noch einmal auf den Bewerbungsgrund hingewiesen. Es folgen Foto sowie Name und Anschrift. Am Schluss wird mit der direkten Frage »Möchten Sie mehr über mich wissen?« und dem anschließenden »Dann blättern Sie doch einfach um ...« ein guter Übergang zur nächsten Seite geschaffen.

Unter der wiederum schattierten Überschrift »Meine wichtigsten Daten ...« sind die persönlichen Daten und ein prägnant verfasster Lebenslauf mit deutlich hervorgehobenen Themenblöcken aufgelistet. So bekommt der Leser einen guten Überblick und wird hoffentlich neugierig, mehr über die Kandidatin zu erfahren.

Die letzte Seite führt unter der ebenfalls schattierten Überschrift »Meine Pluspunkte ...« die wichtigsten Stärken der Bewerberin auf, die durch Aufzählungszeichen zusätzlich betont werden. Als letzter Aspekt wird »der Spaß an der Arbeit« besonders hervorgehoben. Bravo, ein gelungenes Ende!

Beim Foto sind das Querformat und die interessante Kopfhaltung Auslöser für das Betrachterinteresse mit einer bestimmt etwas längeren Verweildauer. Das schafft zusammen mit der außergewöhnlichen Bewerbungsform Pluspunkte und führt sicher zur gewünschten Einladung.

Einschätzung
Eine einfallsreiche und ins Auge fallende Gestaltung. Note »gut«.

ADRIAN ACKERMANN
Neuer Graben 64
44139 Dortmund
Tel. 4284538

Autohaus P. Sommer
Herrn F. Müller
Möllenbeckstr. 23
44287 Dortmund

Dortmund, 8. März 2006

Sehr geehrter Herr Müller,

ich möchte Sie gern auf jemanden aufmerksam machen: auf mich.

Wer ich bin?	Adrian Ackermann, 50 Jahre alt und ein engagierter und erfahrener Kfz-Schlosser.
Was will ich?	Einen Arbeitsplatz in Ihrem Unternehmen, das ich bereits als Kunde kennen und sehr schätzen gelernt habe. Gern würde ich hier meine Stärken wie Präzision, Geschicklichkeit, Selbstständigkeit und Stressresistenz einsetzen.
Was ich kann?	Ich biete Ihnen langjährige Erfahrung mit den verschiedensten Fahrzeugtypen: VW/Audi, Ford, Volvo und Mercedes. Die Reparatur und Wartung von LKWs gehört auch zu meinem Repertoire, ebenso wie der Führerschein Klasse II. Außerdem bringe ich gute Kenntnisse der hydraulischen, pneumatischen und elektronischen Systeme und Anlagen mit. Eine permanente Fortbildung ist mir sehr wichtig. Daher habe ich verschiedene Schweißerlehrgänge besucht und sehr erfolgreich abgeschlossen. Ich arbeite gern im Team, bin aber dank meines Organisationstalentes und großer Flexibilität selbstverständlich auch in der Lage, jederzeit eigenverantwortlich zu agieren.

Gern sende ich Ihnen weitere Unterlagen zu und hoffe, bald von Ihnen zu hören.

Mit freundlichen Grüßen

Adrian Ackermann

Zur Kurzbewerbung von Adrian Ackermann

Bei diesem Beispiel handelt es sich um eine Bewerbung in ihrer minimalsten Form, da sie wirklich nur eine Seite umfasst. Jedoch sind auch hier die wichtigsten Daten und Argumente des Kandidaten enthalten und geschickt präsentiert.

Als Erstes fällt der interessant »komponierte« Briefkopf auf. Die grafische Gestaltung mit dem grauen Kasten findet ihre Wiederholung im quadratischen Foto und ergänzt sich gut. Dies ist wirklich eine schöne Idee.

Der Kandidat muss über die Firma Erkundigungen eingeholt haben, denn er kann den verantwortlichen Ansprechpartner in Anschrift und Anrede benennen. Dann folgen ein sehr selbstbewusster Einleitungssatz und das Foto. Der Hauptteil des Schreibens ist durch drei klare, kurze Fragen (die eigentlich gar keine sind – also auch ohne Fragezeichen auskommen könnten) gegliedert, die auf der rechten Seite in prägnanter Form beantwortet werden.

Der Bewerber versteht es, in dieser sehr komprimierten Form für sich zu werben. Der Leser wird neugierig und möchte sicherlich mehr erfahren. Die Kurzbewerbung endet mit dem Hinweis, dass der Kandidat gern weitere Unterlagen zusendet. Diese Anmerkung ist bei solch einer Bewerbung unabdingbar.

Einziger Kritikpunkt: Vielleicht kommt es noch nicht deutlich genug heraus, warum sich der Kandidat gerade bei diesem Unternehmen bewerben will. Der Hinweis, dass er die Firma als Kunde kennen und schätzen gelernt hat, ist möglicherweise ein zu schwaches Argument.

Zum Foto: Wenn auch nur ein kleines Format gewählt wurde, so wirkt es doch ansprechend und interessant. Die hier gezeigte Alternative wäre bestimmt erfolgreicher, wenn der Kandidat mehr lächeln würde.

Alternativbild** zu den Bewerbungsunterlagen von Adrian Ackermann. Vergleichen Sie dazu das **Bewerbungsfoto** auf* ***➔ Seite 109.

Einschätzung

Eine insgesamt gute und einfallsreiche Kurzbewerbung.

Betreff: Initiativ-Bewerbung als Dipl.-Ing. Elektrotechnik

Sehr geehrte Frau Siering,

vielen Dank für das freundlich-informative Telefonat.
Wie besprochen hier meine Bewerbungsunterlagen.

Kurz zu meiner Person:
- Dipl.-Ing. Elektrotechnik (TFH Bremen), 34 Jahre alt
- Praktikant im Schering-Technikum, Berlin
- Werkstudent in den Schering-Bereichen Energieübertragung und -verteilung sowie Übertragungssysteme in Berlin

Außerdem verfüge ich über sechs Jahre Auslandserfahrung und bin gelernter KFZ-Mechaniker.

Zu meinen wesentlichen Persönlichkeitsmerkmalen gehören ein breites Interessenspektrum, ausgeprägte Kommunikations- und Begeisterungsfähigkeit sowie ein hohes Maß an Eigeninitiative und Flexibilität.

Ich strebe einen Einsatz in den Bereichen
Industrial Engineering,
Fertigung oder
Projektierung an.

Über eine Einladung zu einem persönlichen Gespräch freue ich mich.

Mit freundlichen Grüßen

Peter Panlow

Betreff: Initiativ-Bewerbung als Dipl.-Ing. Elektrotechnik

Meine Daten (Kurzform)
Peter Panlow, geboren am 27.08.1970 in Koblenz
ledig, ortsungebunden

Hochschulbildung
04/1999 - 02/2004
Technische Fachhochschule Bremen:
Elektrotechnik: Schwerpunkt Fertigung,
Vertiefungsfächer: Fertigungstechnik,
Fertigungsmittel, Kosten- u. Investitionsrechnung,
Industrial Engineering, Materialfluss- u. Fabrikplanung,
Operations Research

02/2003 - 07/2003
Praktisches Studiensemester bei der Schering AG,
Abteilung Technikum, Berlin

11/2003 - 02/2004
Diplomarbeit bei Karl Meuser Anlagenbau GmbH, Berlin
Thema: Analyse und Projektierung einer Kunststoffschmelzanlage
unter besonderer Berücksichtigung sparsamer Energieverwendung
Abschluss: Diplom-Ingenieur Elektrotechnik mit der Note »gut«

Auslandserfahrung
07/1991 - 09/1997 England
Produktionsmitarbeiter bei Sainsbury in Leeds u. Manchester,
zuletzt Gruppenleiter Maschinenspezialbau

Berufsausbildung
08/1986 - 07/1989
Ausbildung zum Kraftfahrzeugmechaniker

Sprachkenntnisse
Englisch fließend; Niederländisch gut in Wort und Schrift

EDV-Kenntnisse
MS-DOS, WinWord, Excel, Corel Draw, ABC Flow Charter,
Turbo Pascal, AutoCAD, MS-Projekt, CA-Super Project

Peter Panlow, (Dipl.-Ing.)
Düsseldorfer Straße 11, 10719 Berlin,
Telefon: 030 8812940
E-Mail: peter.panlow@gmx.de

→ *Kommentar Seite 116*

Betreff: Initiativ-Bewerbung als Dipl.-Ing. Elektrotechnik

Standard 12

Meine Daten

Peter Panlow, geboren am 27.08.1970 in Koblenz
ledig, ortsungebunden

Hochschulbildung
04/1999 - 10/2001
Grund- u. Hauptstudium Technische Fachhochschule
in Bremen: Elektrotechnik

11/2001
Vordiplom mit der Note »gut«

04/2002 - 02/2004
Hauptstudium: Schwerpunkt Fertigung, mit den
Vertiefungsfächern: Fertigungstechnik, Fertigungsmittel,
Kosten- u. Investitionsrechnung, Industrial Engineering,
Materialfluss- u. Fabrikplanung, Operations Research

02/2003 - 07/2003
Praktisches Studiensemester bei der Schering AG,
Abteilung Technikum, Berlin

11/2003 - 02/2004
Diplomarbeit bei Karl Meuser Anlagenbau GmbH, Berlin
Thema: Analyse und Projektierung einer Kunst-
stoffschmelzanlage unter besonderer Berücksichtigung
sparsamer Energieverwendung
Abschluss: Diplom-Ingenieur Elektrotechnik mit
der Note »gut«

Auslandserfahrung
07/1991 - 07/1992
Produktionsmitarbeiter bei Sainsbury in Leeds/England
(Verbrauchermarktkette, 15.000 Mitarbeiter)

08/1992 - 10/1992
privater Auslandsaufenthalt Sydney, Australien

11/1992 - 09/1997
Gruppenleiter der Produktionseinheit für britische Produkte
(Maschinenspezialbau) bei Sainsbury, Manchester/England

Betreff: Initiativ-Bewerbung als Dipl.-Ing. Elektrotechnik

Berufsausbildung, praktische Tätigkeiten
08/1986 - 07/1989
Ausbildung zum Kraftfahrzeugmechaniker
08/1989 - 07/1991
Verschiedene Tätigkeiten als Produktionsmitarbeiter
02/2000 - 06/2003
Werkstudent bei der Schering AG, Berlin

Schulausbildung
1976 - 1986
Grundschule und Hauptschule in Zeven
1986 - 1988
Ausbildungsbegleitender Besuch der Fachoberschule
Maschinen- und Elektrotechnik in Bremen
Abschluss: Fachhochschulreife mit der Note »sehr gut«

Sprachkenntnisse
Englisch fließend; Niederländisch gut in Wort und Schrift

EDV-Kenntnisse
MS-DOS, WinWord, Excel, Corel Draw, ABC Flow Charter,
Turbo Pascal, AutoCAD, MS-Projekt, CA-Super Project

Interessen
Fernöstliche Philosophie und Lean Management,
Skifahren, Musizieren (Trompete)

Betreff: Initiativ-Bewerbung als Dipl.-Ing. Elektrotechnik

Zu meiner Motivation

Als Elektroingenieur habe ich ein breites, vielleicht nicht unbedingt typisches Interessenspektrum. Im Rahmen meines Studiums wählte ich bewusst sehr unterschiedliche Projekte, die hohe Anforderungen an meine Eigeninitiative und Flexibilität stellten. Dabei entwickelte ich die Fähigkeit, mich in kürzester Zeit in Projekte bzw. Prozesse hineinzudenken, um auf der Basis einer fundierten Analyse zielorientierte Konzepte zu entwickeln. Hier hat mir vor allem meine Kommunikations- und Begeisterungsfähigkeit sehr geholfen.

Bei meiner Arbeit geht es mir weniger um abstrakt-wissenschaftliche als vielmehr praktisch-anwendbare Konzepte und Lösungen vor dem Hintergrund einer Kosten-Nutzen-Relation. Unternehmerisches Denken und Handeln sind mir bestens vertraut.
Trotz großen Interesses an Teamarbeit bin ich auch gern selbstständig tätig, mit einem hohen Anspruch an Gewissenhaftigkeit und Präzision.
Last but not least: Ich halte mich für gut belastbar und in einem angemessenen Maße für durchsetzungsfähig.

Berlin, 01.04.2004

Peter Panlow, Dipl.-Ing.

Düsseldorfer Straße 11, 10719 Berlin,
Telefon: 030 8812940
E-Mail: peter.panlow@gmx.de

Zur E-Mail-Bewerbung von Peter Panlow

Der Kandidat hat sich bei seiner Internetbewerbung für eine Kombination aus Anschreibentext und Lebenslaufdaten entschieden. Bei der Bewerbung via E-Mail sind einige Besonderheiten unbedingt zu berücksichtigen, will man einen positiven Eindruck beim Empfänger bewirken.

Zunächst hier sehr auffällig: die kurze Zeilenlänge. Grund: Da Sie nicht wissen können, wie sich der von Ihnen als E-Mail versendete Text auf dem Bildschirm bzw. im Ausdruck des Empfängers darstellt und liest, ist eine kurze Zeilen-»Komposition« nur von Vorteil. Hierbei gilt es wie immer, den Gedanken, die Botschaft gut im und mit dem Zeilenfluss zu transportieren, um dadurch das Leseverständnis zu fördern. Eine Anzahl von max. 60 Anschlägen pro Zeile ist dabei Orientierungsgröße, um diesen Effekt sicher zu erzielen.

Das ist dem Bewerber in diesem Beispiel außerordentlich gut gelungen. Der Aufbau des ersten, quasi Anschreibentextes ist kurz und bringt die Information bestens auf den Punkt. Die beiden Aufzählungen (Angebot und »Nachfrage«) vermitteln auch dem schnellen Leser: Hier weiß einer, was er anzubieten hat und was er will. Schon allein dieser Text, gut unterstützt durch einige Aussagen zu »wesentlichen Persönlichkeitsmerkmalen«, lässt den Bewerber in den Augen eines Arbeitsplatzanbieters mit ziemlich hoher Wahrscheinlichkeit sympathisch erscheinen. Mehr wäre fast schon gar nicht nötig, um auf Seiten des Auswählers einen Anruf beim Absender zu erwirken, der eine Art Vor-Vorstellungsgespräch darstellen könnte oder gleich die Einladung (kann natürlich auch per E-Mail geschehen) zum »richtigen« Vorstellungsgespräch beinhaltet. Aber unser Kandidat bietet noch mehr an.

Denkbar wäre an dieser Stelle jetzt auch ein Attachment (ein Dateianhang) gewesen, das die Lebenslauf-Unterlagen beinhaltet, die typischerweise etwa drei bis fünf üblichen Seiten, die Sie ja bereits in den unterschiedlichsten Varianten mit all ihren Themenblöcken kennen gelernt haben. Diese sollen so gestaltet sein, wie man sie ausgedruckt normalerweise auf dem Postweg (klassisch) verschickt. Bliebe lediglich die Frage, wie man es mit dem Foto handhaben soll. Die Alternativen wären einscannen oder zunächst weglassen, was sicherlich ein bisschen schade, aber für Nicht-Profis unumgänglich wäre.

Gegen diese Vorgehensweise per Datenanhang spricht, dass viele Empfänger vor einer ihnen unbekannten Bewerbungs-E-Mail Angst haben, diese (und Attachments im Besonderen) zu öffnen, in Sorge vor versteckten Viren. Aus diesem Grund hat sich unser Kandidat für eine Kurzversion seines Lebenslaufes unter der Überschrift »Meine Daten« entschieden und diese sehr geschickt zusammengestellt. Da sich dieses Info-Angebot direkt an den ersten Text anschließt, kann man sicher davon ausgehen, dass es auch gelesen wird.

Wir stellen Ihnen hier zunächst die **erste Version** vor. Unter einer geschickt gewählten Überschrift (»Meine Daten«) präsentiert der Kandidat auf weniger als einer Seite (ausgedruckt) seine – durch Fettdruck schnell erkennbaren – Sozialdaten, Hochschulbildung, Auslandserfahrung, Berufsgrundausbildung sowie Sprachen- und EDV-Kenntnisse. Den Abschluss bilden sein Name und die vollständige Absenderanschrift. Hier sind wirklich alle relevanten Daten gut übersichtlich zusammengestellt. Der gesamte Text ist linksbündig und Leerzeilen sowie die Fettdruck-Überschriften gliedern ihn einfach, aber effizient.

Alle Zeitdaten werden als erste Zeile eines Blockes linksbündig vorangestellt. Nach dieser zeitlichen Einordnung, die wenig aufwändig ist – also kein Verschieben oder Durcheinandergeraten zulässt –, kommt der erklärende Kurztext, immer unter Berücksichtigung der knappen Zeilenlänge und des gut verständlichen Leseflusses. Leider bleiben Persönlichkeitsträger wie Interessen, Hobbys oder soziales Engagement dabei unberücksichtigt. Dies ist aber nur der unbedingten Kürze geschuldet. Hier kann jeder seine eigenen Prioritäten setzen und immer noch etwas hinzufügen.

Als Alternative zu dieser knappen, aber präzisen Form betrachten wir die **zweite Version**, die deutlich ausführlicher ist (jetzt sind es zwei Seiten im Ausdruck).

Der (Anschreiben-)Text bleibt gleich. Hier ausführlicher zu werden bringt nicht viel. Wir haben ja den besonderen Textblock (»Zu meiner Motivation«), der – angelehnt an die Dritte Seite – (Sie haben diese Botschaftsform bereits kennen gelernt) – noch einige zusätzliche und vor allem sehr persönlich gefärbte Informationen gut transportiert.

Aufbau und Zeilengestaltung werden wie in der vorherigen Version gehandhabt. Jetzt kommen lediglich einige Lebenslauf-, Ausbildungs- und Berufsstationen hinzu. Beurteilen Sie selbst, inwieweit der Mehrgewinn an Information Länge und Ausführlichkeit rechtfertigt. Sicherlich ist es schöner, auch die persönlichen Interessen und Neigungen des Kandidaten vorgestellt zu bekommen. Das gibt gute Stichworte für das Vorstellungsgespräch.

Besondere Beachtung verdient sicherlich der ausführliche Textblock zur Motivation, der wirklich überzeugend formuliert ist. Wer kann da widerstehen und dem Kandidaten »die kalte Schulter zeigen«. Hier präsentiert sich jemand als praktisch veranlagt mit einer guten Portion Ambition, einem unternehmerischen Bewusstsein für Kosten-Nutzen-Relation, kurzum: zielorientiert. Das hat dann auch in der Realität nicht seine Wirkung verfehlt.

Was Sie unbedingt wissen müssen, bevor Sie initiativ werden

In sehr komprimierter Form beschäftigen wir uns nun nach den praktischen Beispielen mit dem theoretischen Hintergrund zum Thema Initiativbewerbung. Hierzu vorab eine kurze Erklärung zur verwirrenden Begriffsvielfalt. Man findet die unterschiedlichsten Bezeichnungen für diese Bewerbungsform: Blind- oder Direktbewerbung, kalte, aktive oder unaufgeforderte Bewerbung oder auch fälschlicherweise Kurzbewerbung. Alle Begriffe beziehen sich auf den gleichen Vorgang: Der Bewerber nimmt von sich aus, auf »eigene Initiative« Kontakt mit dem potenziellen Arbeitgeber auf, um sich und seine Fähigkeiten anzubieten. Wir halten die Bezeichnung Initiativbewerbung für die angemessenste.

Für eine Erfolg versprechende Initiativbewerbung sind vorab zwei Faktoren entscheidend: Ihre Selbstanalyse und eine ausführliche Recherche zu den potenziellen Arbeitgebern, die Sie ansprechen möchten.

Nehmen Sie sich zunächst Zeit herauszuarbeiten, worin Ihre persönlichen Qualitäten liegen, um sie dann im Bewerbungsverfahren besonders herausstellen zu können. Es geht um die Beantwortung der Fragen:

- »Was für ein Mensch bin ich?«
- »Was kann ich besonders gut?«
- »Was mache ich am liebsten?«

Lassen Sie Ihre beruflichen und privaten Erfahrungen und Erfolge Revue passieren. Mit Geduld und Zeit finden Sie sicherlich Ihre ganz persönlichen Stärken und Schwächen heraus und stellen ein Profil Ihrer besonderen Fähigkeiten zusammen. Genauere Hinweise für diesen wichtigen Prozess können Sie in unserem Buch *Die überzeugende Initiativbewerbung* nachlesen. Danach geht es um die Beantwortung der Frage:

- »Was ist möglich?«

Anders formuliert: Sie sollen herausfinden, in welches Aufgabengebiet Ihre Stärken wie der sprichwörtliche Schlüssel zum Schloss passen. Fakt ist, dass Sie auf dem Arbeitsmarkt Ihre Fähigkeiten »verkaufen« müssen, und dafür ist es unabdingbar zu ermitteln, welche Einsatzgebiete genau Ihren Fähigkeiten entsprechen. Bei dieser schwierigen Aufgabe, die Ihre Persönlichkeitsanalyse mit der Arbeitsmarktrealität in Einklang bringen soll, beziehen Sie ruhig auch die Meinung anderer Personen ein. Gespräche mit dem Lebenspartner, Freunden, Bekannten oder Fachberatern können hierbei sehr hilfreich sein. Quälen Sie sich nicht allein mit diesem Thema herum, sondern greifen Sie auf das Einschätzungspotenzial Ihrer Mitmenschen zurück.

Nachdem Sie dies alles analysiert haben, müssen Sie sich mit dem zweiten Faktor, der Recherche potenzieller Arbeitgeber befassen. Hierfür ist es hilfreich, sich ein Beziehungsnetz, ein sog. »Netzwerk« aufzubauen. Nutzen Sie besonders während einer Phase der Arbeitslosigkeit jede Gelegenheit dazu, neue Kontakte zu knüpfen. Diese können durch Freunde und Bekannte entstehen, aber auch durch Exkollegen, ehemalige Vorgesetzte oder auf Fachmessen, Tagungen, Forschungsveranstaltungen oder anlässlich von Bildungsmaßnahmen. Wenn Sie z. B. nach einem interessanten Vortrag den Redner ansprechen, um ihm noch die eine oder andere interessante Frage zu stellen, können Sie auch »sich selbst ins Gespräch bringen«. Vielleicht ergibt sich die Gelegenheit, ihn zu fragen, welche Berufsaussichten er für jemanden mit Ihren Kenntnissen sieht (vgl. das Initiativbewerbungsbeispiel auf Seite 7).

Mit der Zeit sammeln Sie so viele Informationen, dass es für Sie unmöglich ist, diese im Kopf zu behalten. Legen Sie sich daher eine Kartei an, oder erstellen Sie am PC eine Datenbank, in der Sie alle Kontakte mit Adressen und anderen für Sie wichtigen Daten speichern. Auf diese Weise können Sie immer wieder auf einzelne Personen zurückkommen und die Kartei ständig aktualisieren und ergänzen.

Berücksichtigen Sie bei Ihren Informationsgesprächen auch Hinweise in Stellengesuchen oder -angeboten in Fachzeitschriften, Tages- oder Wochenzeitungen. Nachschlagewerke und Handbücher in Bibliotheken oder Branchenfernsprechbücher sind ebenfalls sehr hilfreich. Wenn Sie schließlich genau wissen, welche Arbeit und welches Umfeld Sie suchen, sollten Sie speziell ausgewählte Kontaktpersonen um Unterstützung bitten. Interessieren Sie sich für eine bestimmte Firma, suchen Sie in Ihrem Beziehungsnetzwerk nach einer Person, die Ihnen jemanden vermitteln kann, der für diese Firma arbeitet. Versuchen Sie auch, Näheres über die Person zu erfahren, die für die Einstellung von Personal verantwortlich ist. Vielleicht können Sie ja sogar über die Empfehlung durch eine »Informationsperson« an einen solchen potenziellen Arbeitgeber herantreten. Wenn nicht, haben Sie zumindest einiges aus erster Hand vermittelt bekommen und können nun einen telefonischen Erstkontakt zu diesem Unternehmen knüpfen.

Mit dieser guten Vorbereitung geht es in die nächste Phase Ihres Bewerbungsvorhabens: die Abfassung Ihrer schriftlichen Initiativbewerbungsunterlagen.

In diesem Buch haben Sie sich dazu viele Beispiele anschauen können. Weitere ausführliche Informationen zur schriftlichen Bewerbung finden Sie in unseren Spezialbüchern zu diesem Thema, wie z. B. das *Handbuch Initiativbewerbung*. Da wir uns im Rahmen dieses »Schau«-Buches auf die Präsentation erfolgreicher Initiativbewerbungsunterlagen konzentrieren, beschränken wir uns in diesem kurzen Initiativbewerbungs-Theorieteil lediglich auf die Sonderthemen Eigenes Stellengesuch und Telefonmarketing in eigener Sache.

Zum Abschluss noch ein Wort zum wichtigsten Sympathieträger in Ihren Unterlagen, Ihrem Foto:

Die Macht der Bilder sollten Sie nicht unterschätzen, und so ist auch an dieser Stelle wieder einmal höchste Sorgfalt und noch etwas mehr (Engagement, Einfühlungsvermögen ...) angezeigt.

Der Weg zum Fotografen lohnt sich wirklich. Ein ansprechendes professionelles Foto (Format etwa klassisch 5,5 x 4 cm oder etwas größer, auch ein anderes Format – z. B. quadratisch – aber bitte nicht gleich eine Fanpostkarte, Stichwort Narzissmus). Das Farbfoto verträgt am besten dezente Farben bei Kleidung und Make-up. Übrigens: Wir empfehlen Schwarzweißfotos und haben mit den hier ausgewählten Beispielen zeigen wollen, welche Möglichkeiten der Porträtfotografie vorstellbar sind. Keine langweiligen Köpfe, sondern außergewöhnliche Aus- und Anschnitte sind gefragt. Schauen Sie sich doch unter diesem Aspekt die Fotos in unserem Buch noch einmal an.

Ihr eigenes Stellengesuch

Eine kunstvolle Miniaturform der Initiativbewerbung ist das eigene Stellengesuch. Bieten Sie sich doch aktiv an. Dazu studieren Sie am besten erst einmal die entsprechenden Rubriken in Tages- und Wochenzeitungen sowie Fachzeitschriften und holen sich auf diese Weise Formulierungsanregungen. Hier gilt das Prinzip »Werbespot«: Ausgangspunkt und Basis der Gestaltung eines erfolgreichen Stellengesuches sind kurze, prägnante Antworten auf die schon genannten Bewerbungs-Basisfragen: Was für ein Mensch bin ich? Was kann ich? Was mache ich am liebsten?

Neben dem gut formulierten Text kommt es beim Stellengesuch auf den richtigen Zeitpunkt an – einmal aus Ihrer Perspektive (also nicht gerade, bevor Sie für sechs Wochen in Urlaub fahren) sowie aus der Sicht des potenziellen Arbeitgebers (im April sollten Sie sich nicht als Weihnachtsmann bewerben, aber im November käme ihr Stellengesuch schon fast zu spät).

Natürlich spielt auch die Auswahl des richtigen Mediums für Ihr Stellengesuch eine wichtige Rolle. Wenn Sie als Theologe Ihren Wohnort Hamburg nicht verlassen wollen, sollten Sie nicht ausgerechnet in der Frankfurter Rundschau inserieren.

Der richtige Rahmen, die Größe Ihrer Anzeige ist ebenfalls wichtig. Eine Sachbearbeiterin, die mit einer viertel Zeitungsseite für sich wirbt, investiert nicht nur viel Geld (ab 2.500 EUR aufwärts), sondern würde auch Befremden auslösen. Dagegen dürfte ein Manager, der ein Jahresgehalt von 50.000 EUR und mehr anstrebt, mit einer einspaltigen 20-mm-Kleinanzeige (für weniger als 200 EUR) allenfalls einen Heiterkeitserfolg ernten.

Auf den Punkt gebracht: Nicht nur der Inhalt, sondern auch Zeitpunkt, Auswahl, Platzierung und Größe Ihres Stellengesuches sind wichtige Faktoren, die bedacht werden müssen.

Ein eigenes Stellengesuch ist, wie gesagt, die kürzeste Form der Initiativbewerbung. Anders als bei dem üblichen Ritual »Stellenangebot lesen / Bewerbungsmappe schicken» treten Sie hier als Jobsucher unaufgefordert in Aktion. Im Folgenden finden Sie Anregungen, wie Sie sich auf wenigen Zentimetern Platz wirkungsvoll präsentieren können.

Wer in die Offensive geht und selbst ein Stellengesuch in die Zeitung setzt, signalisiert Leistungsbereitschaft und Motivation. Umso mehr überrascht es, dass die meisten Stellengesuche eintönig, geradezu langweilig und wenig aussagekräftig formuliert sind. Was Inserenten ihren potenziellen Arbeitgebern in der Zeitung anbieten, bleibt oft farblos und austauschbar. Die Folge: Die Anzeige löst bei den meisten Personalentscheidern eher ein Achselzucken aus als den Wunsch, mit dem Stellensucher unbedingt Kontakt aufzunehmen.

Falls Sie also nicht ausgerechnet eine Position als »Graue Maus» ins Auge gefasst haben, sollte Ihr Stellengesuch zwei Bedingungen erfüllen:

- Die Überschrift muss ihren Leser beim Überfliegen der Zeitungsseite anziehen, »fesseln» und neugierig machen.

- Der gesamte Text muss eine hohe Zahl von relevanten Informationen transportieren und damit den Leser für Sie »erobern».

Schön und gut, werden Sie jetzt sagen, aber: Wie geht das?

Anleitung in sechs Schritten: Wie entwerfe ich ein wirkungsvolles Stellengesuch?

Wer jetzt bereits Papier und Stift zu Hand genommen hat und auf die ersten Formulierungshilfen wartet, wird enttäuscht sein. Auch das Formulieren eines Stellengesuchs muss gründlich vorbereitet werden.

Schritt 1: Suchen Sie ein geeignetes Medium!

Zunächst einmal gehen Sie auf die Suche nach einer geeigneten Zeitung, einem geeigneten Magazin für Ihre Anzeige. Etwas typisiert gilt: Volks- und Betriebswirte, die sich überregional bewerben, wählen das Handelsblatt, Ingenieure die VDI-Nachrichten, Mediziner und Geisteswissenschaftler Die Zeit. Wer sich nur lokal umsehen möchte, ist (vor allem in den Wochenendausgaben) in einer der großen regionalen Zeitungen gut aufgehoben: Berliner Morgenpost, Kölner Stadtanzeiger, Stuttgarter Zeitung, Hannoversche Allgemeine, Leipziger Volkszeitung usw. Außerdem ist für den gesamten süddeutschen Raum die Süddeutsche Zeitung zuständig. Denken Sie aber auch global und damit an die Wochenendausgaben der drei anderen führenden überregionalen Tageszeitungen: Frankfurter Allgemeine Zeitung, Welt und Frankfurter Rundschau.

Auf eine ganz bestimmte Branche festgelegte Kandidaten inserieren am besten in einem speziellen Fachmagazin, da dort die »Streuverluste« geringer ausfallen. Für die Werbebranche beispielsweise gilt Werben & Verkaufen als Pflichtlektüre, für Rechtsanwälte die Neue Juristische Wochenschrift. Wenn Sie nicht wissen, welche Zeitschrift geeignet ist, erkundigen Sie sich bei einem Fachmann oder einer Fachfrau aus der Branche oder sehen Sie sich in einer großen Bibliothek um.

Schritt 2: Nehmen Sie Stellengesuche wie -angebote im ausgewählten Medium gründlich unter die Lupe!

Zunächst einmal gilt es zu recherchieren, wer von Arbeitsplatzanbieterseite auf klassische Weise per Anzeige gesucht wird. Aus den darin sichtbar werdenden Anforderungsprofilen lässt sich viel lernen.

Dann untersuchen Sie sorgfältig das Umfeld für Ihr künftiges Stellengesuch. Dazu schauen Sie sich auch die Anzeigen anderer Jobsucher genau an. Beurteilen Sie die einzelnen Stellengesuche nach folgenden Kriterien:

- Was gefällt Ihnen spontan an der Anzeige und was nicht?
- Wird klar gesagt, was der Jobsucher zu bieten hat und was seine wichtigsten Qualifikationen sind?
- Geht aus dem Text eindeutig hervor, was der Inserent sucht?
- Werden Allgemeinplätze und Selbstverständlichkeiten vermieden?
- Ist die Anzeige insgesamt wirklich aussagekräftig?
- Würden Sie sich als Personalchef angesprochen fühlen?

Wenn Sie diese Fragen für jede der Anzeigen kurz beantworten, haben Sie schon eine Menge über Stellengesuche gelernt. Außerdem finden Sie auf diese Weise heraus, welche Fehler Sie bei Ihrer Anzeige vermeiden müssen, um sich positiv von Mitbewerbern abzuheben.

Schritt 3: Formulieren Sie einen Text mit konzentriertem Informationsgehalt!

Bevor Sie mit dem Texten beginnen, sollten Sie die folgenden drei Fragen beantworten:

- Was ist Ihr Kommunikationsziel?
- Welche Botschaften wollen Sie »rüberbringen«?
- Mit welchen Argumenten möchten Sie überzeugen?

Natürlich gibt es ihn nicht, den Königsweg der Formulierung. Ihr Text sollte Ihrem Angebot und Ihrem Zielobjekt angemessen erscheinen, muss gleichzeitig »wahr« und hochinformativ sein. Ihr Stellengesuch wird man ähnlich wie ein Arbeitszeugnis lesen: sehr gründlich und zwischen den Zeilen. Beispiel: Wer lediglich angibt, Volkswirtschaft studiert zu haben, läuft Gefahr, für einen Studienabbrecher gehalten zu werden. Die korrekte Formulierung heißt: Diplom-Volkswirt.

Folgende Angaben sind lediglich Eckwerte und keine feste Vorgabe.

Ihr Text sollte enthalten:

- Ihre wichtigsten fachlichen Qualifikationen
- Ihre beruflichen Schwerpunkte
- Ihre Erfolge
- eine präzise Angabe, was Sie suchen
- Ihr Alter und Geschlecht
- eine Angabe zu Ihrer Mobilität

Für die Planung von Kommunikationsziel, Botschaft und Argumentation erweist sich aus der Werbepsychologie die klassische AIDA-Formel als hilfreich (attention, interest, desire, action = Aufmerksamkeit, Interesse, Nachfrage wecken und den Handlungsimpuls »Kontaktaufnahme« auslösen).

Für alle Formulierungen gilt: Drücken Sie sich immer klar und verständlich aus, und wiederholen Sie nicht im Text, was bereits in der Überschrift steht (also z. B. nicht: Dipl.-Politologin, 30 J., weibl., mit abgeschlossenem Politikstudium). Erwähnen Sie nichts, was ohnehin vorausgesetzt wird, wie »zuverlässig» oder »korrekt». Sprechen Sie nicht von »neuen Wirkungskreisen» oder von »interessanten Aufgaben». Niemand kann sich unter solchen abgedroschenen Phrasen etwas vorstellen.

Alle Aussagen müssen spezifisch und präzise sein. Nennen Sie Ross und Reiter! Machen Sie eine klare Angabe zu der Position, die Sie suchen – auch wenn Sie für verschiedene Angebote offen sind. Wer nicht genau weiß, was er eigentlich sucht, wird von den meisten Personalentscheidern nicht ernst genommen. Überlassen Sie es den Lesern, Ihnen möglicherweise auch ein etwas berufsabweichendes Angebot zu machen.

Schritt 4: Formulieren Sie eine Überschrift!

Die Überschrift ist der prominenteste Ort Ihrer Anzeige. Denken Sie daher bei der Formulierung nicht so sehr daran, was Sie suchen, sondern welche Qualifikation Sie anbieten. Nur wenn die Überschrift das Interesse eines Arbeitgebers weckt, wird er den übrigen Text überhaupt lesen. Gehen Sie also mit Ihren neu gewonnenen Erkenntnissen aus den Schritten 2 und 3 an die Formulierung Ihrer persönlichen Werbebotschaft.

Da Sie sich von der breiten Masse abheben wollen, müssen Sie spezifisch formulieren, zum Beispiel:

Volljuristin
Schwerpunkt Online-Recht

Sekretärin / Gesundheitswesen

Arbeitsfeld: Personalwesen
Kfm. Sachbearbeiter

Betriebswirtin Controlling
Nahrungsmittelhersteller

Wie Sie sehen, muss es durch die Überschrift gelingen, sich von anderen Inserenten abzusetzen, damit der Leser genau bei Ihrer Anzeige »hängen bleibt«. Aber bitte keine unseriösen Aufschneidereien, wie »Super-Nachwuchsmanager« oder »Voll-Profi«.

Stöbern Sie stattdessen in Ihrem »Erfahrungshaushalt«, und fördern Sie etwas zu Tage, was für Ihren potenziellen Arbeitgeber von Bedeutung ist. Falls Sie Berufsanfänger sind, werden Sie naturgemäß noch nicht über umfangreiche Erfahrung verfügen. In dem Fall verweisen Sie auf Praktika oder nebenberufliche Tätigkeiten. Wer an einer besonders renommierten Uni einen besonders guten Abschluss gemacht hat, darf auch damit auf sich aufmerksam machen, zum Beispiel: Uni Heidelberg, Sommersemester '04, sehr gut.

In jedem Fall muss die Überschrift grafisch vom Rest abgesetzt sein (Fettdruck/größerer Schriftgrad). Das kann man heutzutage am eigenen PC gut vorbereiten.

Eine Alternative: Um sich von anderen, sagen wir z. B. Ingenieuren im Bereich Maschinenbau, abzuheben, ist es möglich, in der Überschrift einen angestrebten Arbeitsbereich anzugeben.
Beispiele:

Vertriebsingenieur
Dipl. Ing. Maschinenbau

Qualitätsmanagement
Dipl. Ing. Elektrotechnik

Hier nun einige Beispiele: Zunächst so, wie Sie es besser nicht machen sollten!

1)
Industriekaufmann
28 J., Schwerp. Vertrieb,
Bundeswehr abgeleistet,
wg. Firmenkonkurs suche
ich neue verantwortungs-
volle Tätigkeit. Raum HH.
Zuschr. u. CZ 56565

2)
Dipl.-Ing. (FH)
Spezialist für Holztechnik
32 Jahre, Schreinerlehre, Studium RO,
aktuell in Fensterbauunternehmen tätig,
sucht zum 1. 1. 2006 oder früher neue
ihn befriedigende Herausforderung.
Raum/PLZ 65-73 000. Chiffre WB 2367

3)
Hilfe, ich suche
eine neue Herausforderung
Handwerker für alle Fälle, 49 J.
verh., FS Kl. B, T: 0780/12345

4)
Die Chance
Wer gibt mir eine?
Allroundkraft, 45 J. alt,
EDV- u. Wirtschaftsspezialist,
ungek. Pos.
Mit vielen Interessen
ZT- G 8765

Zu 1: Zu viele Abkürzungen und auch inhaltlich wenig ansprechende Informationen.

Zu 2: An sich nicht schlecht, bis auf die Formulierung »... ihn befriedigende ...«

Zu 3: Ein Hilfeschrei gehört einfach nicht in ein Stellengesuch. Unseriös.

Zu 4: Zu unspezifisch, zu viele Abkürzungen und zu devot.

Die folgenden Beispiele eignen sich deutlich besser:

Flexibel einsetzbare, erfahrene

Bilanzbuchhalterin

(50 J.) gerne Urlaubsvertretung
Aufarbeitung, EU-Umstellung,
sofort verfügbar, Fax 021-1234

**ENGAGIERTER DIPL.-ING. (39 J.)
MASCHINENBAU FH**

12 J. Erfahrung, Entwicklung u. Konstruktion
Schwerpunkte: Prüf- u. Werkzeugmaschinen,
CAD-Kenntnisse: 3D-Euklid, 2D-HP-KJO
PC, Engl., Frz., in ungekündigter Position,
sucht Leitungsposition in Automobilbranche
ab 1.4.06, Raum NRW, # 67-8767,
Berliner Nachrichten, Postf. 88, 12666 Berlin

Gerne auch auf Zeit
Projektmanager Geschäftsführung / Verlag

Dipl.-Kfm. (53), langjährige
Führungserfahrung
Schwerpunkte: Controlling /
Rechnungswesen,
nachweislich erfolgreiches
Finanzmanagement,
auch in schwierigen Situationen
53 - 0812 X

Gewissenhafter Rechtspfleger

mit 5 J. Berufserfahrung bei Gericht
jetzt 2 J. Bürovorsteher in Kanzlei
sucht ab 3. Quartal neue Position
im Notariat / Grundstückswirtschaft
Angebote unter Postfach 23 53 12

Ich kann nachweislich
Biotechnik

Vertriebsprofi, Marketing-Spezialist,
Dipl.-Ing. (38) sucht neue Aufgaben
im Bereich GF, Niederlassungsleiter
oder Profit-Center,
vorzugsweise im Raum 85000,
ab 1. 8. 06
Zuschriften unter 21ZS 1234

erfolgreich vermarkten

Mehr als 20 Jahre Berufserfahrung

**Selbstständiger Kfz-
Meister**

Spezialist für ital. Rennmotorräder,
sucht neuen, verantwortungsvollen,
selbstständigen Aufgabenbereich.
Raum NS, H Tel.: 03 11 - 53 26 45

Meine Stärke:
selbstständige Korrespondenz.

Kompetente, absolut zuverlässige

**Chef-Sekretärin,
Office-Managerin**

25 Jahre Berufserfahrung i. d. Baubranche, Alleinkraft, verantwortungsbewusst, flexibel, stressresistent, alle PC-Kenntnisse, frei ab 1. 1., sucht vergleichbare Position im Raum PLZ 65000
#12-3467 NN Brieffach 3456

Schlosser, 28 J., ungekündigt,
selbstständiges Arbeiten gewöhnt,
Schweißer-Pässe, ERB, DB, E-H,
Führerschein III, ortsunabhängig.
Morgenpost, Bf. 1234, 10882 Bln.

Vermeiden Sie Abkürzungen, mit Ausnahme der üblichen: w. für weiblich, m. für männlich (falls das Geschlecht nicht schon aus der Überschrift hervorgeht), J. für Jahre bei der Altersangabe, Dipl. für Diplom und MA für Magister Artium. Andere Abkürzungen machen den Text schlecht lesbar und unverständlich.

Noch ein Tipp: Eigentlich ist es heute selbstverständlich, dass Arbeitslosigkeit kein Hinweis auf mangelnde Qualifikation oder fehlende Leistungsbereitschaft ist. Trotzdem sollten Sie den Ausdruck arbeitslos in Ihrem Stellengesuch vermeiden. Wenn man Sie bei der Kontaktaufnahme danach fragt, geben Sie an, dass Sie sich weiterbilden, freiberuflich tätig sind oder Ähnliches. Ebenso sind Formulierungen wie suche dringend oder zum nächstmöglichen Termin zu vermeiden. Sie wollen doch nicht von vornherein Probleme bei der Arbeitsplatzsuche signalisieren.

Schritt 5: Versetzen Sie sich in die Lage eines Personalleiters, der morgens beim Frühstück die Stellengesuche überfliegt!

Nehmen Sie nun noch einmal die Perspektive Ihrer Zielgruppe ein (Chefs, Personalverantwortliche, Abteilungsleiter). Dieser Personenkreis hat kaum Zeit und wenig Geduld, sich mit nichtssagenden Stellengesuchen auseinander zu setzen. Wollen Sie sich also mit Ihrer Anzeige aus der Masse der Stellungsuchenden hervorheben, sollten Sie bei der Formulierung von Überschrift und Text diese anspruchsvolle Zielgruppe genau im Auge behalten. Prüfen Sie immer wieder: Wird meine Wortwahl einen Personalentscheider dazu bringen, mit mir Kontakt aufzunehmen?

Schritt 6: Zum Schluss

Die meisten Stellengesuche werden als Chiffreanzeige aufgegeben, um die Anonymität zu wahren (z. B. wegen noch bestehender Arbeitsverträge). Vielleicht ist das in Ihrem Fall gar nicht nötig. Prüfen Sie kritisch, und geben Sie ggf. Ihre Adresse an (inkl. Telefon- und Faxnummer). Denken Sie daran: Sie müssen es dem Personalleiter so leicht und angenehm wie möglich machen, sich mit Ihnen in Verbindung zu setzen. Wenn der Personalchef spontan entscheidet, dass sich eine Kontaktaufnahme lohnen könnte, wird er eher zum Telefon, zu E-Mail oder Fax greifen, als seine Sekretärin damit zu beauftragen, Ihnen in den nächsten Tagen unter Chiffre eine Nachricht zukommen zu lassen. Sollten Sie selbst kein Faxgerät haben, geben Sie die Faxnummer eines Freundes an. Dieser sollte ein eventuelles Schreiben allerdings unverzüglich (!) und zuverlässig an Sie weiterleiten. Auch Copy-Shops bieten einen solchen Service an.

Die äußeren Bedingungen

Einige Rahmenbedingungen sollten Sie bei Aufgabe eines Stellengesuchs beachten: Größe, äußere Erscheinung, Zeitpunkt und Kosten der Anzeige. Bei Fragen können Sie sich auch an die Anzeigenberater der Zeitungen wenden.

- *Gestaltung:* Besprechen Sie mit der Anzeigenredaktion, welche grafischen Gestaltungsmöglichkeiten zur Verfügung stehen. Ein schattierter Rahmen, ein fetter rechter Seitenrand, ein Raster im Texthintergrund oder Pfeile am oberen Rand sind wirkungsvolle optische »Hingucker« (siehe Beispiele!).

- *Größe:* Ein zu kleines Stellengesuch signalisiert ebenso wie ein zu großes: Hier ist etwas nicht in Ordnung! Der Inserent unter- oder überschätzt sich! Wenn Sie sich ausführlich mit den Stellengesuchen der anderen Inserenten befasst haben, können Sie inzwischen einschätzen, welche Größe für Sie infrage kommt. Mit einem Umfang von ca. 30–60 mm, zweispaltig, liegen Sie als qualifizierter Bewerber in jedem Fall richtig. Am wichtigsten ist eine gute Schlagzeile, für die Sie etwa den Raum von zwei Zeilen einrechnen sollten. Ein Rahmen kann optisch sinnvoll sein, darf die Anzeige aber auf keinen Fall gedrängt aussehen lassen.

- *Kosten:* Als Faustregel gilt, dass diese in einer überregionalen Zeitung bei etwa 0,5–1 Prozent Ihres anvisierten Jahresgehalts, regional bei 0,25–0,5 Prozent liegen sollten.

Und zum Schluss: Ein eigenes Stellengesuch lässt sich nicht in zwanzig Minuten texten. Planen Sie lieber einen ganzen Nachmittag dafür ein. Lassen Sie den Entwurf über Nacht liegen, und sehen Sie ihn sich am nächsten Morgen noch einmal an. Hält er Ihrem kritischen Blick stand? Dann legen Sie Ihre Anzeige noch einmal einer von Ihnen ausgewählten privaten »Personalkommission« zur Beurteilung vor.

Wenn Ihnen diese Prozedur zu anstrengend ist, können Sie sich auch an einen professionellen Karriereberater oder an das Arbeitsamt wenden. Hier stehen Ihnen erfahrene Fachkräfte mit Rat und Tat zur Seite. In vielen Fällen übernimmt das Arbeitsamt sogar die Kosten für eine solche Anzeige.

Sobald Ihre Eigen-Anzeige erscheint, muss Ihre Bewerbungsmappe (Lebenslauf, Zeugniskopien etc.) fertig sein. So können Sie auf die hoffentlich zahlreich eingehenden Angebote schnell reagieren. Am besten jedoch, Sie telefonieren vorab noch einmal mit Ihrem potenziellen Arbeitgeber.

Ihr Telefonmarketing in eigener Sache

Viele Bewerber unterschätzen die Chancen, die der gezielte Einsatz des Mediums Telefon im Rahmen eines Bewerbungsvorhabens bringt: Lediglich 10 Prozent greifen während der Stellensuche zum Hörer. Die nicht telefonierende, schweigende Mehrheit pirscht sich dagegen nur schriftlich an die begehrten Arbeitsplätze heran. Das ist sicherlich ein strategischer Fehler.

Obwohl Informationen eigentlich am schnellsten und leichtesten über das Telefon weiterzugeben sind, haben viele Bewerber erstaunliche Hemmungen, sich mit den von ihnen anvisierten Unternehmen zunächst einmal telefonisch in Verbindung zu setzen. Viele fürchten, nicht die richtigen Worte zu finden oder einen schlechten Eindruck zu hinterlassen. Dabei liegen die Vorteile eines Telefonats klar auf der Hand: Durch einen Anruf kann man sich bereits in der allerersten Bewerbungsphase positiv von anderen Kandidaten abheben. Die meisten Unternehmen suchen kontaktfreudige und kommunikative Mitarbeiter. Ein gut vorbereitetes Telefongespräch ist die beste Möglichkeit, die eigene Kommunikationsfähigkeit (soziale Kompetenz) unter Beweis zu stellen. Hier können Sie als Kandidat Interesse wecken und einen ersten positiven Eindruck hinterlassen (»Na, der/die klang aber sympathisch!«).

Folgende Bewerbungssituationen eignen sich besonders für den Einsatz des Telefons:

1. Informationen sammeln
2. Kontakt aufnehmen
3. Kontakt halten
4. Nachfassen
5. erster Schritt im Rahmen einer Initiativbewerbung

Im Einzelnen:

1. Informationen sammeln

Bevor Sie mit Ihrer Bewerbung beginnen, sollten Sie möglichst viele Informationen über das Unternehmen Ihrer Wahl einholen, denn schließlich wollen Sie sich als optimaler Problemlöser für genau dieses Unternehmen präsentieren. Beginnen Sie Ihre Recherche in der Telefonzentrale der Institution. Oft wird man Sie von dort zur Öffentlichkeitsabteilung weiterverbinden. Lassen Sie sich ein Profil, eine Pressemappe oder ähnliche Unterlagen zusenden. Bei großen Unternehmen gibt es außerdem Broschüren und Mitarbeiterzeitungen für einzelne Geschäftsbereiche (denken Sie auch an die Internet-Recherchemöglichkeiten, siehe S. 129).

2. Kontakt aufnehmen

Bevor Sie Ihre Bewerbungsunterlagen absenden, sollten Sie auf jeden Fall (natürlich gut vorbereitet) den als am wichtigsten erkannten Entscheidungsträger anrufen.

Nach einem Telefongespräch fällt der erste Satz im Anschreiben an Ihren Gesprächspartner wesentlich leichter. Dieser könnte ungefähr so lauten: »Vielen Dank für das informative Telefonat vom 1. August. Das Gespräch hat mich darin bestärkt, mich bei Ihnen um eine Stelle als Junior-Produktmanager zu bewerben …«

Sollten Sie den Entscheidungsträger/Geschäftsführer/Personalchef nicht persönlich an die »Strippe« bekommen und (nur) mit seinem Referenten oder der Sekretärin telefoniert haben, empfiehlt es sich dennoch, im Einleitungssatz Ihres Bewerbungsanschreibens darauf hinzuweisen: »Nach einem Telefonat mit Ihrem Mitarbeiter Herrn X / Ihrer Sekretärin Frau Y …« Höchstwahrscheinlich wird sich der Adressat in einem solchen Fall bei Herrn X beziehungsweise Frau Y über den Anrufer erkundigen, um sich den persönlichen Eindruck schildern zu lassen.

Ziel dieser ersten telefonischen Kontaktaufnahme ist es, Interesse zu wecken und den Personalentscheider neugierig auf Ihre Bewerbungsunterlagen zu machen. Im besten Fall wirkt Ihr Telefongespräch wie ein gut gemachter Trailer im Kino oder im Fernsehen, der in kürzester Form Werbung für einen neuen Film macht. Vielleicht schaffen Sie es, bereits während des Telefonats persönliche Sympathie bei Ihrem Gesprächspartner zu mobilisieren. Das gelingt beispielsweise, wenn man überraschend auf Gemeinsamkeiten stößt (»Ach, Sie haben auch in München studiert» oder »Ich war auch ein Jahr in Spanien»). Übertreiben Sie aber nicht, indem Sie zu vertraulich werden.

3. Kontakt halten

Bei solchen Aktionen sollte immer eine Kopie Ihrer Bewerbungsunterlagen griffbereit neben dem Telefon liegen, denn nach zwanzig Bewerbungen können Sie nicht mehr genau wissen, was Sie wem und wie geschrieben haben.

Seien Sie außerdem darauf vorbereitet, über Ihre Gehaltsvorstellung zu sprechen. Am besten antworten Sie auf eine solche Frage nicht direkt, sondern machen deutlich, dass Sie inhaltlich (intrinsisch) motiviert sind und Geld zwar eine Rolle spielt, aber nicht die entscheidende. Bei weiterem Nachfragen benennen Sie besser eine Spanne als eine exakte Zahl, also z. B. 30–35.000 Euro.

4. Nachfassen

Sollten Sie etwa ein bis zwei Wochen nach Absenden der Unterlagen noch nichts gehört haben, ist dies abermals Anlass, zum Telefonhörer zu greifen. Dabei können ganz unerwartete Dinge passieren. Ein Diplom-Ingenieur, Klient unseres Büros für Berufsstrategie in Berlin, erlebte Folgendes: Er hatte seine Unterlagen an einen Handy-Entwickler geschickt und nach drei Wochen immer noch nichts gehört. Telefonisch erkundigte er sich höflich nach dem Stand der Dinge. Der Personalleiter packte die Gelegenheit beim Schopf: »Wie sieht es aus, Herr ..., können Sie morgen um 16 Uhr zum Vorstellungsgespräch kommen?« Der Kandidat ging zum vereinbarten Termin und wurde umgehend eingestellt.

Auch in anderen Phasen Ihrer Bewerbung sollten Sie zum Telefon greifen. Wenn Sie beispielsweise nach einem Vorstellungsgespräch eine Absage erhalten, dürfen Sie ruhig nach den Gründen fragen, dies aber auf keinen Fall beleidigt oder vorwurfsvoll. Schließlich wollen Sie ehrlich wissen, warum man sich nicht für Sie entschieden hat.

Fragen Sie ruhig nach einem persönlichen Tipp für Ihre weiteren Bewerbungen. Erstens gibt jeder Mensch anderen gerne Ratschläge, und zweitens bringen Sie sich auf diese Weise noch einmal in Erinnerung und zeigen Einsatzbereitschaft sowie soziale Kompetenz auch in einer für Sie schwierigen Situation.

5. Erster Schritt im Rahmen einer Initiativbewerbung

Bei der Initiativbewerbung ist das Telefon ganz hervorragend einzusetzen. Etwa so:

> *Personalchef:* »Weber ...«
> *Bewerber:* »Guten Tag, Herr Weber, mein Name ist Wolfgang Schmidt, ich rufe Sie aus Köln an. Ich bin Volljurist, kenne mich gut aus im Bereich der kommunalen Müllentsorgung und habe bereits zwei Jahre bei der Stadtverwaltung in diesem Bereich gearbeitet. Haben Sie einen Augenblick Zeit, oder passt es Ihnen besser, wenn ich Sie morgen früh gegen 10 Uhr noch einmal anrufe?«
> *Personalchef:* (etwas ungeduldig) »Worum geht es denn?«
> *Bewerber:* »Herr Weber, es geht darum, dass ich mich bei Ihnen für den Projektbereich Chemie-Sondermüll bewerben möchte. Sehen Sie da eine Chance? Ich verfüge über Spezialwissen im Bereich Biochemie und ...« (hier folgen weitere Werbeargumente in eigener Sache).

Wenn Sie sich telefonisch initiativ bewerben, sollten Sie als Erstes fragen, ob Ihr Gesprächspartner in diesem Augenblick gerade Zeit für Sie hat:

> »Frau Klewe, da Ihr Unternehmen plant, die Ölpumpenserien auszubauen, würde ich mich gerne als Softwaretechniker bewerben. Haben Sie fünf Minuten Zeit für mich, oder passt es Ihnen besser, wenn ich Sie morgen Nachmittag, sagen wir gegen 15 Uhr, wieder anrufe?«

Schlagen Sie unbedingt eine konkrete alternative Anrufzeit vor und verabreden Sie möglichst einen festen Termin: »Gut, dann rufe ich Sie morgen um 15 Uhr noch einmal an. Ich freue mich, wenn Sie dann ein paar Minuten Zeit für mich haben.«

Ihre Initiativbewerbung und das Internet

Das World Wide Web ist für Initiativbewerbungen ein ganz wichtiges Medium geworden. Inzwischen nutzen sehr viele Bewerber das Internet bei der Suche nach einem zukünftigen Job.

In der Bundesrepublik präsentieren sich fast alle Großunternehmen auch im Internet. Neben vielen nützlichen Informationen bieten Arbeitgeber auf ihren Internetseiten oft auch die Möglichkeit an, vakante Stellen per Mausklick abzufragen. Zusätzlich inserieren zahlreiche Firmen in den elektronischen Jobbörsen, die in wachsender Zahl im Internet vertreten sind.

Über das Internet können Sie auch direkt – via E-Mail – mit Ihrem potenziellen zukünftigen Arbeitgeber in Kontakt treten. Zum Beispiel erhalten Sie auf diesem Weg mehr Information über die ausgeschriebene Stelle, oder Sie präsentieren sich vorab auf diesem informellen Weg.

Fünf Situationen gibt es, in denen Sie das Internet für Ihre Bewerbung initiativ und gezielt nutzen können:

1. Die wichtigste: Die Suche nach Informationen über Arbeitgeber
2. Die Suche nach Stellenangeboten auf den Webseiten von Zeitungen
3. Die Suche nach Stellenangeboten auf den Seiten der Firmen
4. Die Suche auf virtuellen Arbeitsmärkten
5. Die elektronische Kontaktaufnahme

Im Folgenden beschreiben wir die einzelnen Situationen und geben genauere Informationen, wie das Internet Ihnen speziell bei Ihrer Initiativbewerbung helfen kann.

1. Die Suche nach Informationen über Arbeitgeber

Gleichgültig, ob Sie gerade Ihre Bewerbungsmappe zusammenstellen oder ob Sie bereits einen Termin für ein Vorstellungsgespräch haben: Ihre erste Pflicht als Bewerber ist es, sich so gründlich wie möglich über potenzielle Arbeitgeber zu informieren.

Da Sie sich gezielt als optimaler »Problemlöser« für das Unternehmen profilieren und anbieten wollen, müssen Sie zunächst wissen, vor welchen Herausforderungen der jeweilige Arbeitgeber aktuell steht. Wird in einem Betrieb zum Beispiel gerade über die Einführung neuer Modelle der Gruppenarbeit in der Fertigung nachgedacht, dann sollten Sie sich vor dem Zusammenstellen Ihrer Bewerbungsmappe eventuell noch einmal mit dem Thema »Arbeitswissenschaft« beschäftigen. Wenn Sie dagegen aus dem Netz erfahren, dass Ihr potenzieller Arbeitgeber große Projekte mit skandinavischen Firmen gestartet hat, heben Sie bei Ihrer Bewerbung natürlich Ihre profunden nordischen Sprachkenntnisse besonders hervor.

Um das Internet als Quelle für Informationen über Unternehmen zu nutzen, reicht es in der Regel aus, den Firmennamen auf folgende Weise einzugeben: www.(Firmenname).de für deutsche Firmen, bei US-amerikanischen benutzen Sie *www.*(Firmenname)*.com* (*http://* am Anfang nicht vergessen!). Bei europäischen Unternehmen gelten die Endungen *.it* für Italien, *.uk* für Großbritannien, *.fr* für Frankreich, *.ch* für Schweiz und *.at* für Österreich.

Werden Sie auf diese Weise nicht fündig, so rufen Sie mit Hilfe des Buttons Suchen (Search) eine der Suchmaschinen auf. Die gängigsten heißen Google, Yahoo, Excite, Lycos und Infoseek. Obwohl diese Suchmaschinen ähnliche Ergebnisse liefern, sind sie zum Teil unterschiedlich organisiert und gehen jeweils andere Wege, um die von Ihnen benötigten Informationen bereitzustellen. Excite und Yahoo bieten zum Beispiel schon auf der Startseite Rubriken wie Business, Travel oder auch Job und Karriere an. Diese können Sie zu Beginn aktivieren und damit Ihre Suche weiter spezifizieren.

Als Erstes sollten Sie auf jeden Fall die Suchhilfe, eine Art Bedienungsanleitung der jeweiligen Suchmaschine, durchlesen. Meist befindet sich direkt neben dem Suchfeld ein SeekHelp- oder Suchhilfe-Button, mit dem Sie praktische Tipps zur Vereinfachung Ihrer Suche abrufen können. Das kostet Sie zunächst vielleicht fünf Minuten Zeit, wird Ihnen aber letztlich viel Ärger und Mühe ersparen. Wer nicht lernt, so effizient wie möglich im Netz zu suchen, verliert sich leicht in der Fülle der angebotenen Informationen.

Nachdem Sie Ihren Suchbegriff eingegeben haben, »spuckt« der Rechner eine ganze Reihe von Internet-Adressen aus, die alle in irgendeiner Form mit den Suchbegriffen zu tun haben. Diese Adressen sind zu den Seiten der Firmen »gelinkt«. Das bedeutet: Sie können durch Anklicken auf der Liste direkt zu den gesuchten Homepages gelangen.

Dort finden Sie in der Regel bereits eine Fülle von Informationen, die allerdings nicht linear aufgebaut sind wie in einer Broschüre. Ein Printmedium gibt durch seinen Aufbau vor, in welcher Reihenfolge die Informationen vom Leser aufzunehmen sind. Auf den Seiten des Internets dagegen kann der Leser nach eigenem Gusto hin und her springen. Er findet mit der Suchfunktion des jeweiligen Unternehmens Informationen gezielt und schnell und kann Querverweise nutzen. Sind Begriffe farblich abgesetzt, gelangt der User durch Anklicken dieser Links automatisch auf andere Seiten des Internets, beispielsweise auf die von Kooperationspartnern und Zulieferern des Unternehmens.

Beachten Sie allerdings folgendes Defizit: Obwohl das Internet prinzipiell die Möglichkeit einer ständigen Aktualisierung der präsentierten Informationen bietet, verfügen viele Unternehmen noch nicht über eine adäquate Internetbetreuung. Das hängt möglicherweise damit zusammen, dass sich diese Art der Mitarbeiterrekrutierung noch nicht allgemein durchsetzen konnte. Zwar nutzen bislang die allermeisten Großunternehmen das Internet zur Mitarbeitersuche, aber lediglich 60 Prozent der mittleren und nur etwa 20 Prozent der kleinen Unternehmen.

2. Die Suche nach Stellenangeboten auf den Webseiten von Zeitungen

Auch wenn das Reagieren auf Stellenangebote nicht das vorrangige Anliegen des Initiativbewerbers ist: Auf den Webseiten der Frankfurter Allgemeinen Zeitung, der Süddeutschen Zeitung, von Handelsblatt und Zeit finden Sie interessante Stellenangebote. Manche dieser Seiten machen von den technischen Möglichkeiten des Netzes Gebrauch und sind interaktiv gestaltet. Sie können sich von dort also direkt auf die Seiten der inserierenden Firmen klicken. Im Allgemeinen werden aber einfach die gedruckten Anzeigenseiten der Zeitungen ins Internet übernommen.

Für Sie als Bewerber bietet die Suche auf den Internetseiten der Zeitungen vor allem dann Vorteile, wenn Sie sich in internationalen Publikationen oder mehreren Zeitungen gleichzeitig umsehen wollen. Das Internet erspart Ihnen den Weg zum Bahnhofskiosk. Achten Sie in jedem Fall auf die Aktualität der Anzeigen. Theoretisch ist das Internet zwar ein hochaktuelles Medium, die elektronischen Anzeigen der Zeitungen sind jedoch nicht immer up to date.

Die Internet-Adressen der jeweiligen Printmedien finden Sie in den Zeitungen selbst, meistens im Impressum. Sie können natürlich auch via Suchmaschine danach fahnden. Wenn Sie auf diese Weise erst einmal auf der richtigen Homepage gelandet sind, klicken Sie sich von dort auf den Anzeigenmarkt weiter. Als »starting point« ist der Anzeigenmarkt der Wochenzeitung Die Zeit unter www.jobs.zeit.de zu empfehlen, denn er ist übersichtlich organisiert, und man gelangt von dort zu anderen Anzeigenmärkten, vorausgesetzt, diese sind funktional eingerichtet.

Ein weiterer Tipp: Auch Fachzeitungen und -zeitschriften bieten Stelleninserate im Internet. Wenn Sie also schon genau wissen, welchen Bereich Sie anstreben, sollten Sie auch in kleineren, möglicherweise hochspezialisierten Fachpublikationen suchen.

3. Die Suche nach Stellenangeboten auf den Seiten der Firmen

Viele Firmen unterhalten eigene Stellenmärkte. Das bedeutet, dass Sie sich von der Homepage aus zu den Seiten mit den freien Stellen klicken können. Dabei sollten Sie sich nicht blenden lassen von schönen Angeboten und großen Versprechungen, die Ihnen dort gemacht werden. Schließlich geht es bei Stellenangeboten immer auch um ein bisschen Imagepflege und den Beweis »Wir sind innovativ und so erfolgreich, dass wir auch in der Rezession noch Leute einstellen«. Mit der Realität hat das oft wenig zu tun.

Die Jobseiten der Firmen sind in einigen Fällen mit einer Funktion verknüpft, über die sich ein Bewerbungsformular aufrufen lässt. Mit dem entsprechenden Button holen Sie sich das Formular auf den Bildschirm, das Sie wie einen standardisierten Bewerbungsfragebogen ausfüllen und via E-Mail zurückschicken.

4. Die Suche auf virtuellen Arbeitsmärkten

Es gibt zahlreiche Internet-Adressen, unter denen kommerzielle Anbieter Stellenangebote veröffentlichen. Meist zahlen die Arbeitgeber einen gewissen Betrag, um ihr Angebot dort zu präsentieren. Als Bewerber können Sie in diesen virtuellen Arbeitsämtern ein für Sie passendes Angebot suchen. Bei der Jobdatenbank www.jobpilot.de finden Sie Stellenangebote sowohl von Unternehmen aus der Region als auch aus aller Welt. Auch hier gelangen Sie oft durch Anklicken bestimmter Felder direkt auf die Seiten der jeweiligen Firmen.

Die Jobbörse der Berliner Agentur »Index« bietet Ihnen die Möglichkeit, unter der Rubrik »Marktforschung« einen Newsletter mit aktuellen Stellenangeboten aus dem IT-Bereich kostenpflichtig anzufordern.

Ebenfalls gegen eine Gebühr bieten viele dieser Jobbörsen den Bewerbern an, ihre Lebensläufe aufzunehmen, sodass auch Arbeitgeber in Ruhe die Profile der einzelnen Bewerber studieren können. Ob das wirklich lohnenswert ist, kann man sehr wohl kontrovers diskutieren.

5. Die elektronische Kontaktaufnahme

Sie haben auch die Möglichkeit, auf elektronischem Weg Kontakt zum Unternehmen Ihrer Wahl aufzunehmen. Auf den jeweiligen Internetseiten finden Sie Kontaktbuttons, mit denen Sie eine Mail-Maske aufrufen und an den von Ihnen ausgesuchten Ansprechpartner eine Art elektronische Postkarte abschicken können.

Die Kontaktaufnahme per E-Mail ist zwar eine schnelle, kostengünstige und bequeme, nicht aber immer die sicherste Methode. Je nach Branche reagieren Personaler unter Umständen noch zurückhaltend auf elektronische Anfragen oder rufen E-Mails unbekannter Herkunft gar nicht erst ab. Es kann auch vorkommen, dass die elektronische Post bei Ihrem Ansprechpartner gar nicht ankommt. Daher sollten Sie sich nicht entmutigen lassen, wenn auf Ihre E-Mail nicht geantwortet wird!

Sehen Sie das Internet einfach als eine weitere, aber eben nicht ausschließliche Möglichkeit der Kontaktaufnahme an. Falls Sie keine Antwort bekommen, greifen Sie auf die traditionellen Kommunikationsmittel Telefonhörer und Brief zurück. Eine Ausnahme bildet – wenig überraschend – die Computer- und Multimediabranche. Dort wird heutzutage oft das gesamte Bewerbungsverfahren übers Netz abgewickelt.

Weitere Möglichkeiten

Mit ein wenig Fantasie können Sie das Internet noch an weiteren Punkten Ihrer Bewerbungsprozedur einsetzen. Wenn Sie beispielsweise eine dreimonatige Australienreise dazu nutzen möchten, sich dort nach einem Arbeitsplatz umzusehen, können Sie ein E-Mail-Account als Kontaktadresse angeben. Das hat den Vorteil, dass Sie während Ihrer Reise von jedem beliebigen Internet-Café aus Ihre E-Mails – also die Antworten auf Ihr Stellengesuch – abfragen können.

Weiterhin haben Sie die Möglichkeit, Ihre Arbeiten auf einer eigenen Homepage zu präsentieren. Auf diese Weise können sich Arbeitgeber Ihre Arbeitsproben und Veröffentlichungen und möglicherweise sogar einen kleinen Film über Sie anschauen. Die Möglichkeiten einer interaktiven Präsentation gehen weit über die einer Bewerbungsmappe hinaus. Die meisten Internetprovider bieten eigene Homepages als kostengünstigen Service für ihre Kunden an. In Ihren schriftlichen Bewerbungsunterlagen weisen Sie dann einfach auf Ihre Seiten im Internet hin, etwa so: »Während meines sechsmonatigen Industriepraktikums bei Müller & Sohn habe ich in einem Projekt zur Verbesserung der Materialüberwachung gearbeitet. Ein kleines Modell inklusive der einzelnen Funktionsbeschreibungen finden Sie auf meiner Homepage im Internet.«

Ein letzter Hinweis: Die Datenmenge im Netz wächst täglich um ein Vielfaches. Die Suche nach einem für Sie passenden Jobangebot kann daher vielleicht mehr Zeit in Anspruch nehmen, als Sie erwartet haben. Lassen Sie sich also nicht entmutigen, auch wenn Sie erst einmal wild durch die Gegend klicken, ohne gleich das Passende zu finden. Wer weiß? Vielleicht ist Ihr Traumjob nur einen Mausklick entfernt!

Die wichtigsten Adressen für die nationale und internationale Stellensuche

Die wichtigsten Online-Stellenbörsen

Die alte Trias

- *www.monster.de*: weltweit über 1.000.000 Stellenangebote
- *www.jobpilot.de* (auch www.job.de): 46.000 Stellenangebote
- *www.stepstone.de*: nur noch 7.500 Stellenangebote

Diese drei bieten ein ähnlich umfangreiches Leistungsangebot mit E-Mail-Service fürs passende Stellenangebot, der Möglichkeit, Lebensläufe anzulegen, etc. an. Deutlich geschwächt ist die Position des schwedischen Unternehmens *www.stepstone.de* Überwiegend werden auf diesem Wege weiterhin Fach- und Führungskräfte, Jungakademiker und Bürokräfte aller Branchen rekrutiert.

Die »jungen Wilden«

- *www.wwj.de* – world wide jobs: 117.000 Stellenangebote – überwiegend im Fach- und Führungskräftebereich
- *www.jobscout24.de* – 14.702 Stellenangebote bei der Stichprobe – die Scouts haben deutlich Boden gut gemacht, doch das Service-Angebot sowie die Programmierung der Suchmaschine lässt immer noch zu wünschen übrig.

Der Klassiker

- *www.arbeitsamt.de* – Hier gibt es Stellenangebote für alle, die Datenbank ist jedoch unkomfortabel; die Suche per Stichwort ist immer noch recht unerfreulich.

Die wichtigsten Jobsuchmaschinen (Meta Crawler):

- Der Zeit-Robot: *www.zeit.de*
- Evita: *www.jobworld.de*
- *www.jobrobot.de* – zur Zeit vom Netz

Die Suchmaschinen »durchkämmen« bestimmte Plattformen von Medien, virtuellen Stellenbörsen etc.

➔ Vorteil: Auf einen Blick zusammengestellt erhält der User die (vermeintlich) wichtigsten Adressen;
➔ Nachteil: Mehrfachnennungen machen das Durchsehen der Angebote teilweise ermüdend;
➔ sowohl der Zeitrobot als auch die Suchmaschine von Evita durchkämmen identische Plattformen.

Die Printmedien im Internet

Um den Anzeigeneinbrüchen bei Stellenangeboten und Stellengesuchen in den Printmedien entgegenzuwirken, bieten alle wichtigen überregionalen wie regionalen Tageszeitungen und Fachjournale auch eine Online-Veröffentlichung an.

Das heißt, sowohl die Stellenangebote der FAZ, der Süddeutschen, des Handelsblatts sowie des Tagesspiegels sind in aller Regel spätestens am Montag nach der Veröffentlichung im Internet abrufbar.

Mehr Informationen finden Sie auf der beiliegenden CD.

Die neue DIN 5008

Seit September 2006 sind beim Anschreiben folgende formale Neuerungen zu beachten:

- Die Leerzeile im Anschriftenfeld, die bisher Name und Straße vom Ort und ggf. auch dem Land getrennt hat, fällt weg. Damit passt sich die DIN 5008 den internationalen Gepflogenheiten an.
- Beim Datum gibt es die Möglichkeit zu wählen: die nummerische oder die alphanummerische Schreibweise stehen zur Auswahl. Bei der numerischen dürfen Sie zwischen der numerisch nationalen (26.04.2007) und der nummerisch internationalen Variante (2007-04-26) wählen. Auch wichtig: Bei einstelligen Tages- oder Monatsziffern sollte jetzt immer eine Null vorangestellt werden. Bei der alphanummerischen Schreibweise schreiben Sie den Monat in Buchstaben (26. April 2007).
- Telefonnummern werden jetzt in Ortsvorwahl und Anschluss gegliedert. Die Durchwahl wird durch einen Bindestrich von der Hauptwahl getrennt: 0511 1234-567. Bei einer internationalen Nummer wird die Landesvorwahl, z. B. +49, vorangestellt und die Null der Ortsvorwahl weggelassen.: +49 511 1234-567.
- Veränderungen gibt es auch beim Prozentzeichen oder kaufmännischen Und-Zeichen. Da diese Zeichen ein Wort vertreten, werden sie nicht direkt and die Zahl geschrieben, sondern haben ein Leerzeichen dazwischen. Also 16 % statt wie bisher 16% oder Mayer & Sohn statt Mayer&Sohn.
- Postfachnummern werden wie gehabt in Zweierschritten von hinten nach vorne gegliedert (Postfach 1 23).

Beispiele und weitere DIN-Regeln finden Sie in Artikeln der einschlägigen Büro-Fachpresse.

Was Sie noch wissen sollten ...

In diesem Buch fanden Sie Hinweise auf weiterführende und vertiefende Titel aus der Reihe der Hesse/Schrader-Ratgeber zum Themenkomplex Bewerbung.

Das Autorenteam Hesse/Schrader ist seit über 20 Jahren auf dem Sektor der Bewerbungsratgeber sowie zu weiteren Themen aus der Arbeitswelt publizistisch tätig und hat im Laufe dieser Zeit mehr als 150 Bücher veröffentlicht. Am Anfang stand die erstmalige Veröffentlichung aller gängigen so genannten Intelligenztests und deren kritische Reflexion in dem Buch *Testtraining für Ausbildungsplatzsucher* (1985). Ebenfalls Neuland zum Thema »Überleben in der Arbeitswelt« erschloss ihr Buch *Die Neurosen der Chefs – die seelischen Kosten der Karriere.*

Von besonderem Interesse für die Leser dieses Buches dürften folgende Titel sein, die Bewerbungsvorhaben innovativ unterstützen: *Die überzeugende Initiativbewerbung; Arbeitszeugnisse – professionell erstellen, interpretieren, verhandeln; Handbuch Initiativbewerbung* sowie die *Praxismappe für das überzeugende Vorstellungsgespräch.*

Beide Autoren verfügen über eine langjährige Erfahrung als Seminarleiter bei Bewerbungstrainings. Ein besonderes Interesse gilt der gewerkschaftlichen Bildungsarbeit in Form von Anti-Mobbing- und Konfliktmanagement-Seminaren. 1992 gründeten sie in Berlin das Büro für Berufsstrategie, das ausschließlich Arbeitnehmer in allen erdenklichen beruflichen Fragen berät und unterstützt.